SOMMAIRE

INTRODUCTION

« Dis, tu m'aimes ? Tu vas pas me quitter ? » Il y a mille manières de poser ces questions à votre partenaire. Une fois, comme ça, en passant, d'une voix toute douce, avec un doux sourire, c'est tout mignon et la réponse va vous rassurer au-delà de ce que vous attendiez, si tant est que vous ayez une réelle inquiétude. Et puis, les mêmes mots, oui, exactement les mêmes, peuvent être prononcés de manière plus oppressée, plus fébrile, plus anxieuse, témoignant juste par leur intonation d'un réel besoin d'être rassuré, causé par une inquiétude tout aussi réelle. La réponse donnée va alors rassurer un peu, beaucoup ou... pas assez. Puis les mêmes questions seront reposées... une fois, trois fois, dix fois, parfois formulées un peu différemment, mais exprimant toujours la même idée, la même angoisse : ne pas être quitté.

Cette peur de l'abandon peut reposer sur des faits tangibles. Ou être totalement fabriquée par un imaginaire un peu trop prolixe. Ou être la réminiscence inconsciente d'un drame réel vécu il y a bien longtemps, dans la lointaine petite enfance. Que cette peur repose sur une réalité ou non, elle n'en engendre pas moins des inquiétudes réelles, ressenties au fond de soi et qui appellent un besoin de réconfort et surtout de sécurité. Alors, pour être rassuré, on peut questionner : « Eh ! Tu vas pas m'abandonner ? » Ou même avoir un comportement que l'on va moduler d'une façon que l'on croit efficace pour ne pas être quitté, mais qui parfois énerve, agace et finit d'ailleurs par générer à la longue ce que l'on redoute le plus : l'abandon. On recommence alors une autre relation et le même scénario se reproduit. Avec le même résultat. On peut reproduire, encore et encore, les mêmes scénarios d'échec jusqu'à ce qu'arrive un jour où il est peut-être utile de s'interroger : « Et si j'étais un dépendant affectif ? »

Dépendant ? Oui. Perte d'autonomie. Besoin d'être aidé pour accomplir des actes de la vie. Besoin d'être accompagné, guidé, pris en charge. Être subordonné ou soumis à quelque chose ou à quelqu'un.

Affectif ? C'est tout ce qui se rapporte aux affects : humeurs, émotions, sentiments, passions, sensibilité. Mais pas à la raison.

Dépendant affectif ? Personne qui a tant besoin de l'affection des autres qu'elle est dans l'incapacité psychologique de vivre par et pour elle-même. Elle dépend du regard que l'on porte sur elle. Mais comment imagine-t-elle qu'on la regarde et donc qu'on la juge ?

La dépendance affective peut être succinctement définie comme un besoin excessif de l'affection des autres. Il en existe plusieurs types dont trois en particulier :

- **la dépendance à l'environnement social et professionnel**, qui se caractérise par un besoin déraisonnable, voire démesuré, d'être reconnu, approuvé, apprécié et félicité par ceux que l'on côtoie ;
- **la dépendance familiale**, avec une structure où des parents angoissés transmettent leur angoisse à leurs enfants, qui vont donc être éduqués dans une peur exagérée du monde. La famille devient alors un refuge contre un environnement extérieur hostile, voire dangereux. Ce refuge se transforme

en besoin pour se sentir bien, un besoin tel qu'il crée une dépendance ;

- et enfin, **la dépendance affective en couple**, qui s'appuie sur la croyance que le couple est l'ultime et nécessaire protection contre une solitude menaçante. « On n'est pas fait pour vivre seul », entend-on parfois. Le couple devient une cellule de sécurité et le soutien ardemment recherché vient du partenaire. C'est à lui que l'on remet les clefs de la sécurité, d'où la peur tenace de le perdre ou d'être quitté. Il s'agit aussi de ne pas prendre la responsabilité de sa propre vie et de ses choix et de la laisser aux mains d'un autre qui prendra les décisions à la place de l'intéressé. Une dépendance apparaît et se développe parfois jusqu'à détériorer la relation. C'est très précisément cette dépendance-là que ce livre va étudier.

Une relation amoureuse est une relation entre deux personnes se fondant sur un sentiment amoureux partagé. Toutefois, l'équilibre n'est pas continuellement présent, et on dit souvent qu'en amour, il y en a toujours un qui aime plus que l'autre. Il est régulièrement celui qui s'expose à souffrir. Pourquoi ? Parce que le fait d'aimer plus le fragilise. C'est comme s'il s'engageait davantage. Et au moindre changement, son imagination va créer des scénarios négatifs. La confiance en soi est trop fragile pour que la relation puisse bénéficier d'une réelle assurance. Une absence réelle ou supposée, une attitude considérée comme une distanciation, un mot attendu qui n'est pas dit, un geste espéré qui n'arrive pas, un regard qui s'échappe, et hop ! la machine à suppositions se met en route : « L'autre m'aime moins », qui risque de se transformer en « L'autre ne m'aime plus », et donc devenir « L'autre va me quitter ». Alors, on s'accroche. On s'attache un peu plus. On devient petit à petit dépendant du regard de cet autre que l'on craint de perdre. Cela ne veut pas dire que celui qui aime plus va nécessairement devenir dépendant de l'autre, mais il a plus de risques de le devenir que l'autre partenaire du couple.

L'un des problèmes de l'attachement, c'est qu'il est vite confondu avec l'amour. Il est vrai que l'amour crée de l'attachement et il n'y a là rien que de très normal. Nous connaissons cela au début d'une relation : nous sommes pleins d'enthousiasme quand nous savons que nous allons revoir l'être aimé et nous ressentons un profond manque si la personne que nous aimons est absente trop longtemps selon notre propre conception du temps. Nous avons besoin d'être rassurés et l'attachement est un moyen de nous sécuriser. Jusqu'à un certain point.

Quand l'attachement devient trop fort, se nourrit d'inquiétude et tend à devenir possession, alors nous confondons sentiment amoureux et besoin de sécurité. La peur de perdre l'autre risque de déteindre sur la joie d'être ensemble. Le basculement de l'un à l'autre est subtil. Nous-mêmes, d'ailleurs, nous apprécions que l'autre s'inquiète de nous, c'est bien la preuve qu'il tient à nous, que nous sommes importants à ses yeux et à son cœur ; et nous avons besoin de cette marque d'intérêt qui nous est manifestée. Mais là aussi, il y a un point de bascule : ce que l'on trouvait charmant, délicieux et attendrissant risque petit à petit de devenir pénible à endurer, étouffant et destructeur de liberté. Et surtout anxiogène pour celui qui doit tout le temps fournir des « preuves » de son attachement. Le lien qui unissait et paraissait si doux s'est métamorphosé en chaînes lourdes à porter et dont on veut se défaire. Et plus on cherche à s'en dégager, plus l'étau se resserre.

C'est ainsi que l'on en arrive à cette expression si connue : « Fuis-moi je te suis, suis-moi je te fuis. » Cette dynamique, qui faisait partie du jeu initial de séduction, devient soudainement un empêchement à être : la nécessité de cette présence de l'autre est devenue oppressante. Ce qui était désir est désormais besoin. Les preuves et les gestes d'amour sont demandés, réclamés, exigés, mais n'apparaissent jamais suffisants pour rassurer. Le manque de confiance en soi se change en manque de confiance en l'autre, et l'ensemble crée un manque de confiance en la relation. L'amour a changé de vêtements : il est devenu besoin de sécurité affective. Les deux peuvent être confondus alors qu'ils sont bien différents, aussi différents que peuvent l'être la tendresse du cœur et une simple attirance sexuelle, quelle que soit la puissance de cette dernière, quelle que soit l'addiction qu'elle peut créer.

Lentement, une tentative de prise de contrôle de la relation se met en place puis se change en rapport de force : le besoin de l'autre est devenu oppressant, pesant, suffocant. Besoin de sécurité pour l'un, besoin de liberté pour l'autre, confrontation de deux besoins si antinomiques qu'ils vont s'affronter. L'un a peur d'être abandonné, l'autre a peur d'être étouffé.

Beaucoup de chansons ont évoqué ce besoin de l'autre, et les paroles sont souvent très explicites. Prenons-en une de Julio Iglesias intitulé justement *J'ai besoin de toi* et qui plante tout de suite le décor :

« Je vis dans l'ombre dès que je n'ai plus tes yeux

Dans le silence dès que je n'ai plus ton rire »

Le dernier couplet est du même registre :

« J'ai besoin de toi pour mieux être ce que je suis

(...)

Et je n'y peux rien, ton amour me tient

J'ai besoin de toi toujours »

Une autre chanson forte est *Oui ! J'ai besoin de toi* de Dany Brillant et qui débute ainsi :

« Oui, j'ai besoin de toi

De ton sourire

De ton cœur, de ta voix

Pour me guérir

(...)

Viens, j'ai besoin d'y croire

J'ai besoin de toi

Bien plus que moi-même »

Et qui, après avoir fait état notamment d'un « cœur dévasté de solitude », se clôt sur ces mots :

« Ne m'abandonne pas

J'ai besoin d'aide

Délivre-moi de moi

Et de mes chaînes

Viens, j'ai besoin de joie

J'ai besoin de toi

J'ai besoin d'amour »

Beaucoup d'autres textes (romans, chansons, poèmes) ont parlé de ce besoin de l'autre, mais est-ce encore de l'amour ? À les lire, on voit combien les paroles de ces deux chansons sont redoutables : le besoin d'aide, le besoin de guérison, le besoin de vivre, le besoin de joie, le besoin de l'autre, tout cela est assimilé à un besoin d'amour qui agrippe, enferme, et finalement retient prisonnier. Il est demandé à l'autre de donner tout ce qui manque pour exister. Et pour faire passer cette exigence exacerbée, on la camoufle derrière un mot dont la connotation est belle et valorisante : l'amour.

La fin de la chanson de Dany Brillant est tout à fait symptomatique quand elle dit : *« Viens, j'ai besoin de joie »*. Et oui, le sentiment de manque est tel qu'il n'y a plus aucune plénitude, aucune joie, et il est demandé à un partenaire de vie de combler ces manques, demande toujours inassouvie car c'est demander de remplir un puits sans fond. Tout cela donne une image bien dramatique, voire désespérante de la relation amoureuse !

Heureusement, toutes les relations ne se vivent pas sur ce mode-là. Heureusement aussi, la dépendance affective n'est pas une calamité inguérissable, ni une fatalité face à laquelle l'on est impuissant.

Nous allons donc d'abord nous intéresser à ce qu'est réellement la dépendance affective et à ses liens avec l'amour : où la frontière se situe-t-elle ? Nous aborderons ensuite les comportements qu'elle engendre, les émotions qu'elle fait naître, les difficultés qu'elle crée. Nous terminerons en cherchant comment cesser de vivre dans la dépendance du regard de l'autre, comment retrouver sa liberté, comment bâtir une relation adulte et authentique et donc remettre l'émotion « joie » au cœur de la relation.

Que l'on soit un homme ou une femme, ces problèmes de dépendance sont quasiment identiques et n'épargnent personne, mais par souci de simplification et de lisibilité, la problématique sera quasiment toujours abordée au cours de ces pages sous l'angle du neutre qui prend la forme du masculin singulier. En outre, les mots ou expressions « dépendant » et « dépendant affectif » seront bien souvent répétés, ce qui enlève de l'élégance au style, mais permet une plus grande précision dans ce qui est étudié.

À présent, découvrons ce monde où le partenaire de la relation est transformé en besoin.

Chapitre 1

Dépendance affective et amour

QU'EST-CE QUE LA DÉPENDANCE AFFECTIVE ?

Un manque jamais comblé

L'attachement que nous pouvons avoir pour une personne est naturel. C'est l'expression d'un sentiment d'affection, de sympathie, d'intérêt que nous lui portons. L'attachement est d'ailleurs nécessaire dans le cadre de l'évolution psychologique d'un enfant. À l'âge adulte, l'attachement peut se définir comme un lien affectif et il n'y a rien d'anormal à vouloir aimer et être aimé. Il ne pose difficulté que lorsqu'il prend une place telle qu'il est réclamé souvent, trop souvent et en vient à créer une relation de dépendance source de souffrance. C'est à ce moment-là que l'on va parler de dépendance affective, quand l'estime que nous nous portons se trouve entièrement conditionnée par le regard qui est porté sur nous.

Entièrement conditionnée, cela signifie que notre bonheur ou notre malheur sont, dans notre esprit, subordonnés à l'intérêt qu'autrui nous porte, et peut-être davantage encore à la manière dont nous interprétons l'intérêt qu'il nous porte avec à la clé une double insatisfaction :

- nous avons l'impression qu'il ne nous porte pas suffisamment d'intérêt et, quoi qu'il fasse ou dise, nous ressentons toujours un manque. Nous le positionnons finalement en échec constant, puisque rien ne nous suffit et que le manque n'est jamais comblé ;
- nous supposons qu'il nous faut faire encore plus, toujours plus pour éveiller l'intérêt d'autrui. Nous le croyons distant et donc nous nous épuisons à vouloir susciter son intérêt. Nous nous positionnons aussi en échec, puisque, malgré nos efforts, nous croyons que l'autre ne s'intéresse jamais suffisamment à nous.

Double insatisfaction qui se transforme en double sensation d'échec. Cela pourrait donner le discours suivant : « Ce que tu me donnes ne me suffit jamais, puisque mon manque n'est jamais comblé ; et ce que je te donne ne suffit jamais, puisque tu ne me donnes pas tout ce dont j'ai besoin. Et ainsi de suite. » C'est bien ce que l'on appelle un cercle vicieux : l'insatisfaction nourrit et amplifie la cause qui lui donne naissance (l'impossibilité de combler le manque), ou même, la cause est aussi conséquence de cette insatisfaction. C'est vraiment un système dysfonctionnel.

Vue sous cet angle, la relation ne paraît guère épanouissante, et d'ailleurs ne peut pas l'être : une demande permanente qui n'est jamais comblée, car elle ne peut pas l'être. Même si, pour un tiers qui observerait la relation, tout cela paraît irrationnel, il n'en demeure pas moins que pour une personne dépendante affective, c'est vécu comme une réalité. Qui fait souffrir de surcroît ! Et de part et d'autre, car celui à qui tout est demandé a l'impression de s'épuiser en pure perte. Irrationnel sans doute, mais bien réel.

Nous pourrions alors supposer que cette relation dysfonctionnelle est due à « pas de chance » car on est tombé sur le mauvais partenaire. Il « suffirait » donc de rompre la relation et d'en débuter une avec quelqu'un d'autre. Or – et c'est bien là le drame – cela ne change rien ! Même en changeant de partenaire, on retrouve le même type de scénario.

Peurs et malheurs

Dire qu'il suffit de rompre la relation, c'est bien souvent une vue de l'esprit, une illusion et parfois une souffrance. En effet, il est rarement facile de mettre un terme à une relation, et ici encore moins pour deux raisons : d'abord, même si certains considèrent qu'un tel besoin n'est pas de l'amour, il n'en demeure pas moins que ce que l'on ressent pour son partenaire s'apparente et se confond avec le sentiment amoureux. Comment quitter une personne que l'on aime ou que l'on croit aimer ? Dès lors que l'on ressent cette souffrance ou tout simplement qu'on l'envisage, on se moque de la définition formelle qui peut être donnée de l'amour, car ce que l'on vit et ressent, ce n'est alors pas avec son cerveau ou son intellect, mais avec son corps, ses sens et, pourrait-on dire, avec ses tripes.

Par ailleurs, même s'il peut arriver que ce soit moins conscient, la peur de la solitude s'exprime, renversant un proverbe célèbre qui devient alors : « Mieux vaut être mal accompagné que seul. » En effet, lorsque l'on vit avec l'angoisse de perdre l'être aimé ou de ne pas être aimé par cette personne, la peur dominante est d'être renvoyé à cette solitude angoissante. C'est un peu comme si on se disait : « OK, c'est loin d'être la relation idéale, mais, au moins, je ne suis pas seul », « Ce n'est pas le/la partenaire dont j'ai rêvé, mais, au moins, je ne suis pas renvoyé à ma solitude ». La peur de la solitude est bien sûr liée à l'angoisse de l'abandon, à laquelle s'ajoute le sentiment de courir un danger ou de risquer d'y être confronté sans que personne ne soit là pour intervenir et nous secourir. C'est pour cela que « mieux vaut être mal accompagné que seul ».

Enfin, un dépendant affectif est régulièrement malheureux dans sa vie sentimentale, car les échecs amoureux se succèdent sans qu'il ne comprenne pourquoi, sans qu'il ne prenne conscience que ce sont toujours les mêmes schémas affectifs et relationnels qui se répètent. Il est aussi régulièrement malheureux, parce que ses peurs sont présentes en permanence. En conséquence, jamais ou presque jamais il ne vit un instant en plénitude. Si cela lui arrive en étant lové et abandonné dans des bras aimants, c'est un bonheur fugace car les peurs reprennent vite le pouvoir. Et pour couronner le tout, son comportement fait qu'il fait bien souvent l'expérience de relations toxiques. Là où les choses peuvent être vraiment sournoises, c'est qu'une personne peut tout à fait souffrir de dépendance affective sans le savoir, et cela peut durer des années, ce qui fait qu'elle ressent toujours au fond d'elle-même ce vide affectif et qu'il lui est très difficile de trouver un épanouissement dans ses relations. Mais elle ne sait pas pourquoi ; elle n'arrive pas à mettre un mot, une explication sur cet état.

Le regard des autres

Nous voyons donc que, dans le cadre de la dépendance affective, l'estime de soi de la personne qui en souffre dépend en partie de facteurs extérieurs et surtout de la façon dont elle les perçoit. L'estime de soi est un jugement que l'on porte sur soi-même : qu'est-ce que je pense de moi ? Qu'est-ce que je vaux ? Comment j'évalue ma propre valeur (si je m'en reconnais une) ? La personne en dépendance affective n'a pas une estime de soi très élevée, c'est le moins que l'on puisse dire. Même si, pour un tiers, elle a de la valeur, elle-même ne s'en reconnaît pas ou très peu. Une personne avec une estime de soi basse va chercher auprès des autres une manière de combler son besoin de valorisation.

Il y a de nombreux cas où l'on va aller chercher au-dehors ce qui peut conforter le manque du dedans. Il peut s'agir, par exemple, d'une situation sociale, d'un travail spécifique, d'un positionnement dans une hiérarchie, d'une possession de biens matériels. En gros, le discours interne est : « Je m'estime à hauteur de ce que je peux afficher et que le monde extérieur considère comme bien. » La personne fait donc une corrélation absolue entre sa propre valeur et la valeur reconnue par la société de ce qu'elle peut afficher. « J'ai de la valeur, parce que je suis chef de telle unité ou parce que j'ai un vêtement de telle marque ou une voiture de telle puissance. » C'est très superficiel, et même factice : on croit remplir son propre vide par ce qui va être considéré, par l'extérieur et à un moment donné, comme ayant une valeur quelconque. On s'en remet donc à l'avis de personnes que l'on ne connaît pas pour s'imaginer avoir une certaine valeur.

Si cette personne est une dépendante affective, elle va aussi être dépendante du regard d'autrui, mais sur un mode un peu différent qui est celui de la sollicitation, voire de la sursollicitation de marques d'intérêt, d'affection, d'attention. À l'intérieur d'un couple, cette demande exacerbée rend la relation difficile avec le risque, à terme, qu'elle ne devienne conflictuelle. Le « Dis, tu m'aimes ? » est demandé sous de multiples formes et quasiment en permanence. À un moment donné, forcément, ça lasse. Dans le cadre de la vie sociale ou professionnelle, les relations sont mises à mal et peuvent aussi donner lieu à un rejet ou à des conflits. La vie relationnelle d'un dépendant affectif ressemble à un mouvement ondulatoire : alternance de hauts et de bas, de joies et de souffrances, d'espoir et d'abattement. Des moments où il arrive à croire que tout est bien, que la relation peut combler ses besoins et où il se réjouit, mais... ça ne dure pas. Cela n'existe qu'un court instant avant que ne survienne une nouvelle crise où le besoin de valorisation par autrui reprend le dessus, ou que le besoin de se voir manifester de l'intérêt n'efface tout le reste.

LES SYMPTÔMES DE LA DÉPENDANCE AFFECTIVE

Une dépendance psychologique

Plus précisément à présent, qu'est-ce donc que la dépendance affective ? Cette expression désigne ce phénomène d'incapacité psychologique à vivre par et pour soi-même ; c'est ce que l'on appelle un « trouble de la personnalité dépendante » qui se manifeste principalement par :

- une addiction à une personne, caractérisée notamment par le besoin permanent de sa présence ;
- un fort déficit de confiance en soi, qui entraîne une diminution d'estime de soi et va jusqu'à conditionner des comportements au regard d'autrui ;
- des difficultés à s'engager, à se responsabiliser et à prendre des décisions seul ;

- une peur puissante de se retrouver seul, liée à une peur toute aussi forte d'être abandonné, ces deux peurs renvoyant forcément l'une à l'autre.

Ce trouble de la personnalité dépendante se caractérise donc par une dépendance psychologique persistante à d'autres individus. En effet, il y a un besoin excessif et omniprésent d'être pris en charge, la personne ne se croyant pas capable de prendre soin d'elle-même. Cela va entraîner des comportements spécifiques, dont notamment la soumission et l'attachement, utilisés précisément pour amener d'autres personnes à prendre soin d'elle. Elle a besoin de réconfort permanent, mais aussi de conseils pour la moindre décision de la vie ordinaire : comment se vêtir, quelles personnes fréquenter, quel travail choisir, etc.

Dans les faits, cela peut se traduire par une demande de prendre un grand nombre de décisions de sa vie à sa place, ce qui revient à une délégation de responsabilité. La personne dépendante n'est pas nécessairement incompétente, mais peut se présenter ainsi afin que l'on fasse pour elle ou qu'on l'aide ou, du moins, qu'on la rassure abondamment. Bien souvent, elle ne va pas acquérir une compétence qui lui permettrait de vivre de façon autonome, ce qui maintient voire renforce la dépendance. L'un de ses gros problèmes est d'être une abandonnique : elle redoute par-dessus tout – et même s'il n'y a aucune raison objective à cela – d'être abandonnée par celui ou ceux dont elle dépend. Le DSM* – *Diagnostic and Statistical Manual of Mental Disorders* – classe plusieurs symptômes de ce trouble.

La frontière entre le normal et le pathologique n'est pas toujours évidente à tracer. Dans un couple, le dépendant affectif est en proie à une addiction : il a un besoin irrépressible du partenaire à qui il demande de combler un manque affectif. Nous pourrions rétorquer que tout amoureux est dépendant de l'être aimé et s'inquiète, par exemple, si l'appel téléphonique promis n'arrive pas. Oui, il y a une forme de dépendance, mais jusqu'à un certain point seulement ; l'amoureux « normal » n'est pas constamment dans la peur d'être abandonné comme l'est le dépendant affectif, qui peut imaginer être quitté au moindre problème relationnel.

---

* Le DSM – *Diagnostic and Statistical Manual of Mental Disorders* –, que l'on peut traduire en français par « Manuel diagnostique et statistique des troubles mentaux », est un ouvrage de référence publié par l'Association américaine de psychiatrie qui décrit et classifie les troubles mentaux.

De même, nous recherchons la présence de l'autre et attendons (ou espérons) qu'il valide nos actes. C'est un comportement naturel du fait que nous sommes des êtres sociaux. Pour autant, la validation peut ne pas intervenir sans que cela ne remettre tout en cause, car nous avons la capacité d'assumer nos choix, de les justifier et de les défendre sans craindre que la relation ne cesse pour cause de vue divergente. Le problème apparaît quand le besoin de validation devient très fort, ou plutôt trop fort et qu'il détermine alors à la fois notre comportement et notre bonheur.

Nous voyons que c'est dans un grand nombre de situations beaucoup plus une question de degré que de nature. C'est d'ailleurs l'une des difficultés de diagnostic : à partir de quand la relation d'amour épanouissante devient une relation de dépendance problématique ? Où situer le curseur ? Qui est juge de ce positionnement ?

Les manifestations d'un état de dépendance

Pour y voir plus clair, nous pouvons nous intéresser aux travaux du psychologue et chercheur américain, Grégory L. Jantz, fondateur du Center for Counseling and Health Resources, à Washington, qui a identifié neuf comportements traduisant une propension à la dépendance. Une évaluation précise et sérieuse doit bien sûr être effectuée par un psychologue, mais il est considéré que cinq manifestations sur les neuf énoncées ci-après suffisent à établir un état de dépendance. Examinons-les.

① **Une difficulté à prendre des décisions quotidiennes sans conseil ni validation d'une ou plusieurs autres personnes.**

Nous avons vu ce besoin d'approbation directement lié à un fort déficit de la confiance en soi et corrélativement de l'estime de soi. La confiance en soi est une réponse à la question « Suis-je capable de... ? » En répondant « Non » à cette question, la prise de décision est forcément très problématique. Aussi, tant que le partenaire ne dit pas « C'est OK, tu peux y aller », la décision reste au stade de potentialité et n'est donc pas engagée. C'est l'attitude de l'apprenant craintif et non expérimenté qui attend l'approbation du maître. Sauf qu'avec de l'entraînement, de la pratique et parfois de la prise de risque, l'apprenant finira par atteindre son autonomie. À la différence du dépendant affectif qui demeure avec cette satanée difficulté à décider et délègue régulièrement le pouvoir de décision à autrui.

② **Un besoin de laisser les autres (conjoint, famille, amis) être responsables dans les domaines importants de la vie (revenus, gestion administrative, santé, organisation domestique...).**

Cela traduit un manque de maturité pour assumer sa vie de tous les jours. Cela pourrait être le cas de ceux qui ont eu un ou des parents surprotecteurs et ont donc été privés de l'apprentissage de la responsabilisation de ses actes. Le fait d'attendre que les autres prennent en charge de tels actes et compter sur eux pour cela traduit bien une dépendance.

③ **Une difficulté à exprimer tout désaccord avec son interlocuteur (peur des conflits, d'être rejeté, exclu, de perdre soutien ou approbation).**

La peur du conflit est liée directement à la peur d'être abandonné. Elle va se traduire par un oubli de ses propres besoins et une suradaptation aux désirs de l'autre.

Oser faire état de ses propres envies, c'est prendre le risque d'aller à l'encontre des désirs de l'autre. Très souvent, ce risque est irréel car imaginaire ; il n'est pas verbalisé mais supposé, ce qui ne diminue toutefois pas sa puissance pour le dépendant.

Dans le cas d'une forte peur, ce qui est imaginé finit par prendre l'apparence d'une réalité quasi certaine, ce qui explique que l'on soit paralysé. Cette difficulté à exprimer un désaccord peut, par exemple, se traduire par un refus et même un refoulement de colère (même si celle-ci est parfaitement justifiée) dès lors que la manifestation de cette colère pourrait supprimer le soutien d'autrui (partenaire, amis, collègues de travail, etc.).

④ **Une difficulté à lancer des projets ou à faire les choses par soi-même.**

Cela est proche de la difficulté à prendre des décisions, qui se retrouve ici couplée au fait de compter sur les autres. Comment, en effet, décider de faire quelque chose par soi-même si l'on ne s'en sent pas capable, si l'on s'estime incompétent ou si l'on est convaincu que, de toute façon, ce que l'on fait sera nul ou bien n'a strictement aucune importance par rapport à ce que d'autres font ou peuvent faire. Comment oser s'affirmer et créer si, en même temps, on vit avec la peur que cela puisse esquinter ou détruire l'amour, le respect, l'affection ou encore l'intérêt de l'autre. Il faut une autorisation de cet autre, assortie de sa bénédiction, voire simplement une attitude laissant croire que la relation ne sera pas remise en cause.

Cette difficulté n'est donc pas un problème de motivation ou d'énergie, mais une absence de confiance dans ses propres jugements et/ou aptitudes. En outre – et cela montre combien la dépendance affective est pleine de subtilités –, paraître trop compétent pourrait devenir problématique : l'aide ou le soutien d'autrui ne serait alors plus nécessaire puisqu'une autonomie aurait été acquise, et cela pourrait être vécu comme un abandon. C'est pourquoi, comme il est dit plus haut, il peut y avoir refus d'acquérir une compétence.

⑤ **Un sentiment de malaise, d'impuissance ou d'anxiété quand on est seul (ou qu'on imagine l'être) par crainte de ne pas être en mesure de s'occuper de soi.**

L'anxiété est régulièrement présente dans la dépendance affective, toujours à cause de cette peur d'abandon, de séparation, de rejet, d'exclusion. Que cette solitude soit réelle ou imaginée, la douleur ressentie est la même et les manifestations physiques (palpitations, sueurs froides, frissonnement, tachycardie...) ou émotionnelles (stress, tensions internes, inquiétudes diverses...) sont également présentes. Par ailleurs, la solitude est anxiogène pour un dépendant affectif, car il se pose alors la question : « Seul, serais-je capable de prendre soin de moi ? »

⑥ **Se rendre spontanément responsable de ce qui ne va pas (dans le domaine privé ou professionnel).**

C'est un pendant un peu étonnant de la peur de l'engagement. Le dépendant affectif ne va pas faire, car il craint de mal faire ou de ne pas savoir faire. Il est quasiment dans une autocréation d'incompétence, ce qui lui permet de se faire prendre en charge par les autres. En revanche, quand quelque chose dysfonctionne, il peut s'en rendre responsable, non pas pour éviter que la faute ne retombe sur quelqu'un d'autre, mais parce que son estime de lui est si basse qu'il se considère très facilement responsable de ce qui ne fonctionne pas.

⑦ Se sentir obligé de satisfaire les demandes et besoins d'autrui.

Suradaptation à autrui, disions-nous. Le dépendant affectif peut ainsi bâtir des hypothèses sur ce que les autres attendent de lui. C'est purement imaginaire, mais il y croit suffisamment pour modifier son comportement et s'ajuster au mieux avec les hypothèses qu'il a lui-même créées. Pour donner le change, il peut parler d'amour, voire de ce fameux amour inconditionnel (quelle que soit l'irréalité du concept) afin de camoufler sous un bel emballage un besoin – hélas pour lui, impératif – de plaire, ou au moins de ne pas déplaire, et d'être approuvé. Aller à l'encontre du désir d'autrui, ce serait lui déplaire. Le risque est alors d'être exclu, rejeté, abandonné.

C'est toujours la même peur qui revient à chaque instant, partout. Les désirs des autres doivent donc obligatoirement passer avant les siens. C'est pour cela qu'un dépendant affectif est une proie rêvée pour un pervers qui souhaite dominer et rendre esclave son partenaire. La manipulation est réduite à sa plus simple expression : il suffit de faire naître un sentiment, d'alterner le chaud et le froid pour créer de l'inquiétude et de l'attachement puis de jouer avec cette peur d'abandon.

⑧ **Avoir vraiment besoin de l'approbation, du soutien et du réconfort des autres.** Vivre dans, pour et par le regard d'autrui, c'est donner tout pouvoir à autrui sur sa manière de vivre. C'est aussi se mettre en dépendance d'un puissant besoin de réassurance permanent. Cela peut aller jusqu'à accepter, par exemple, de faire des tâches désagréables ou rebutantes, juste pour obtenir le soutien des autres. Encore une fois, cette peur d'être rejeté crée un besoin d'être rassuré et mis en confiance. Plus la peur est forte, plus le besoin est puissant ; et il arrive que cela envahisse tout l'espace du dépendant. Il peut donc être prêt à n'importe quoi dès lors qu'on le rassure ; on peut ainsi le transformer en esclave parfaitement soumis si on lui fait croire qu'il ne sera pas rejeté. L'autre devient alors une condition nécessaire pour être, pour faire, pour vivre et pour exister.

⑨ **Être incapable de poser et de défendre ses propres limites, ce qui peut amener à des conduites à risque.**

C'est encore l'angoisse d'abandon qui va être à l'origine de cette recherche des limites qui peut être physique ou psychique. Cela peut se traduire par des mises en danger, parfois inconscientes, mais aussi parfois volontaires, qui peuvent intervenir sur le plan physique ou interférer dans le domaine sexuel. Il y a un vide à combler, et un comportement même dangereux peut être utilisé à cette fin. Certaines substances (alcool, drogues diverses...) jouent d'ailleurs ce rôle. Et puis, bien évidemment, les relations amoureuses toxiques, s'il est encore possible d'user du terme « relations amoureuses » lorsqu'un système manipulatoire destructeur se met en place.

On retrouve là, réagencés différemment, les critères cliniques du trouble de la personnalité dépendante décrite par le DSM dans sa 5e édition. D'autres indicateurs peuvent aussi témoigner d'une dépendance affective comme le besoin, dès qu'une relation a pris fin, d'en établir une nouvelle avec quelqu'un qui donnera le réconfort, le soutien et les soins nécessaires. Autres indicateurs : croire que son bonheur dépend entièrement de quelqu'un ou s'attendre à ce que son partenaire panse ses blessures d'enfance ; demander sans cesse des preuves d'amour qui ne sont jamais suffisantes, etc.

Cinq critères sur les neuf pour considérer que la dépendance est établie. Notons d'abord que certains se recoupent. Ensuite, il faut qu'il y ait une récurrence. Quand un symptôme est désigné par différents items, la récurrence est un point important, mais très souvent insuffisamment souligné. Par exemple, se sentir obligé de satisfaire les demandes et besoins d'une personne proche est arrivé à beaucoup d'entre nous. En règle générale, c'était dans une situation spécifique et cela n'a pas créé de difficulté particulière. En revanche, si nous ressentons cette obligation régulièrement et qu'elle s'ajoute à d'autres critères (la peur de déplaire, par exemple, ou celle de ne pas être à la hauteur), alors cela peut devenir problématique. En effet, notre comportement va se modifier selon ce que l'autre attend, ou plus justement selon ce que nous supposons des attentes de l'autre. Ces attentes peuvent avoir été exprimées concrètement, mais, bien souvent, c'est le dépendant affectif qui les a créées dans son discours interne, identifiant le produit de son imagination et de ses peurs à la réalité. Et il y répond, car il a l'impression de ne pas pouvoir faire autrement. Il en ressent l'obligation. S'il ne le fait pas, il va en subir les conséquences négatives.

Nous voyons que l'imagination fertile du dépendant a un double levier :

- faire naître une demande qui peut n'avoir jamais existé mais qui est considérée comme une réalité tangible ;
- et faire naître l'obligation de satisfaire cette demande, même si rien n'a été formulé en ce sens, à cause de la peur de ce qui se passerait si l'on ne fait rien.

Enfin, sur un sujet aussi subtil que celui-ci, l'autodiagnostic est bien difficile à établir. Il faudrait une prise de recul par rapport à soi-même, mais celle-ci est d'autant plus compliquée à opérer que beaucoup de nos agissements sont dictés par des peurs, et cela parfois tout à fait inconsciemment. C'est entre autres pour cette raison que, comme cela a été évoqué plus haut, beaucoup de dépendants affectifs peuvent vivre pendant des années sans avoir conscience de leur dépendance, en s'étonnant de rencontrer toujours les mêmes échecs relationnels.

Le fait de vivre des relations dysfonctionnelles ne permet pas nécessairement de conclure que l'on est peut-être un dépendant affectif. On peut tout aussi bien en accuser les autres et considérer en toute bonne foi que c'est la faute du partenaire si la relation a échoué ou si l'on y est malheureux. Cela peut être vrai, une fois ou deux. Mais quand la troisième, la cinquième, la dixième relation montre un schéma analogue ou fait revivre le même type de déroulé avec les mêmes étapes, alors il est grand temps de se demander si le problème ne vient pas de soi-même.

Seul un psychologue ou un thérapeute sera à même d'établir le bon diagnostic, grâce à sa connaissance de l'univers de la dépendance affective et avec le soutien des réponses apportées aux questions qu'il pose : qu'est-ce que l'on attendait de la relation ? Qu'est-ce qu'on y a inclus et qu'est-ce que l'on en a retiré ? Comment qualifier le comportement que l'on a eu ? Etc. Tous types de questions qui permettent d'y voir plus clair et de déterminer si l'on a vécu par malchance une relation d'amour malheureuse ou si l'on a, sans s'en rendre compte, créé soi-même les conditions de l'échec.

UNE DÉPENDANCE AMOUREUSE ?

Ce que l'on attend d'une relation amoureuse

Dans la quête de l'âme sœur, savons-nous bien pour quelles raisons nous désirons nous mettre en couple ? Pour créer et partager ? Il y a alors une dynamique qui permet de bâtir une relation où chacun est coacteur. En revanche, si c'est avant tout pour ne plus être seul ou pour avoir l'impression d'exister, il y a un risque que ce qui est en jeu ne soit pas l'amour, mais plutôt une dépendance affective. Ce n'est pas automatique, mais la probabilité est quand même très forte. Avant tout, repensez à ce que fut votre première rencontre avec votre partenaire ou même, si des échanges préalables ont eu lieu (cas des « rencontres » sur Internet), avant le premier rendez-vous, et posez-vous le plus objectivement possible ces questions :

- Qu'est-ce qui m'attire chez l'autre ?
- Qu'est-ce que je n'aime pas ou que j'aime moins chez l'autre ?
- Qu'est-ce que je pense pouvoir lui apporter ?
- Qu'est-ce que je veux lui apporter ?

- Qu'est-ce que je pense qu'il peut m'apporter ?
- Qu'est-ce que je veux qu'il m'apporte ?

Ces six questions ont toutes leur importance. Décortiquons-les un petit peu :

- Ce qui m'attire est-il orienté vers quelque chose à créer ? Est-ce que j'attends de l'autre qu'il soit un partenaire avec qui définir des projets en commun, ou qu'il soit d'abord une aide pour me soutenir, me comprendre et m'épauler ?
- Avec ce que j'aime moins chez l'autre ou que je n'aime pas, que puis-je faire ? Est-ce anecdotique ou si bien compensé par des qualités que je peux m'en accommoder sans difficulté ? Ou bien cela touche-t-il quelque chose qui est important pour moi, voire essentiel, et que je risque de perdre ou de devoir minorer si le couple se forme ?
- Dans ce que j'apporte à la relation, quelle est ma vraie part contributive ? Dit autrement, suis-je moteur sur certains aspects et capable de m'engager, de motiver, de mettre en œuvre ce qui paraît nécessaire ? Ou suis-je déjà prêt à réduire ou à abandonner mes attentes si mon partenaire souhaite autre chose ?

- Enfin, quelles sont mes attentes vis-à-vis de l'autre et qu'est-ce que je pense qu'il peut m'apporter ? Cela est-il réaliste et constructif ? Ou bien est-ce que j'attends surtout de l'autre qu'il m'apporte sécurité et protection ? Lui ai-je demandé ou ai-je cherché à savoir s'il peut satisfaire mes attentes ?

Importantes, ces questions n'en sont pas moins difficiles, car elles sous-entendent deux choses :

- être lucide sur ce que l'autre et soi-même sont, veulent et apportent ;
- être prêt à remettre en cause l'existence de la relation si des besoins importants pour soi ne sont pas comblés et s'il y a une discordance dans les rôles : l'un est constamment passif et l'autre constamment actif, l'un est dominé et l'autre domine.

Enfin, après une première rencontre, juste quand on se sépare et avant que le mental ne s'impose (ou impose de mauvaises raisons), demandez-vous dans quel état émotionnel vous vous trouvez :

- **si c'est de la joie**, bravo, il y a là une dynamique positive ;
- **si c'est de la colère** ou assimilée, autant cesser tout de suite ; quelque chose ne

fonctionne pas et une alchimie constructive et paisible sera sans doute très difficile à établir ;

- **si c'est de la tristesse**, cela demande réflexion. Est-ce de la tristesse parce que la vie de l'autre est ou a été douloureuse et que cela vous touche ? Ou parce que l'entretien vous renvoie à un passé douloureux ? Ou parce que vous pressentez qu'un obstacle quelconque empêchera la relation d'exister ? Il est important, bien que parfois complexe, d'interroger une tristesse ressentie après un premier rendez-vous amoureux ;
- **si c'est de la peur**, là aussi, à quoi renvoie cette peur ? Avez-vous peur de ne pas être à la hauteur et que l'autre s'en rende compte et décide de ne pas poursuivre la relation ? Ou avez-vous peur que l'autre ne puisse pas vous donner ce que vous attendez de lui ? Avez-vous peur qu'il vous mette en insécurité ? Ou est-ce que vous pressentez que vous aurez des difficultés à vous accorder sauf à faire des compromis, des concessions et, en fait, à abandonner une partie plus ou moins grande de ce à quoi vous tenez ? Ou avez-vous déjà peur qu'il puisse un jour vous quitter ?

Même si nous nous posons rarement toutes ces questions, même si au nom d'une certaine vision du romantisme, elles nous paraissent surprenantes et dérangeantes, nous voyons bien qu'elles sont plus qu'utiles quand nous avons rencontré un certain nombre d'échecs dans nos relations amoureuses. En effet, elles permettent de tracer une frontière un peu moins floue entre la relation fondée sur l'amour et celle voulue avant tout à cause d'une dépendance affective ou émotionnelle.

Un besoin de présence

De nouveau, il importe de ne pas donner corps à ce proverbe renversé « Mieux vaut être mal accompagné que seul », car cela coûte cher, très cher. L'émotion « peur » est importante, puisqu'elle renvoie au besoin de sécurité. Ai-je donc suffisamment de force en moi pour surmonter tout ou partie de ces peurs en réduisant leur impact ou en trouvant en moi un espace de sécurité ? Ou bien, au contraire, est-ce que je demande à l'autre d'être pour moi cette sécurité que je cherche partout ? Est-ce que je demande à l'autre d'être mon thérapeute et de guérir mes peurs et mes manques ? Est-ce que je suis capable d'affronter l'autre s'il le faut pour défendre mes valeurs et ce qui m'est essentiel ? Ou suis-je prêt à capituler rapidement et à me plier à ses exigences afin de ne pas connaître le rejet, l'abandon et la solitude ?

Ces premiers questionnements permettent de se positionner et d'évaluer nos forces, nos craintes, nos doutes, nos désirs, nos espoirs et nos peurs. Ils permettent aussi de prendre un temps de pause pour bien savoir ce que nous ressentons. En effet, la dépendance affective aime se vêtir des habits de l'amour et créer une illusion à laquelle on veut croire. Il convient donc d'être clair et, le cas échéant, lorsque la relation existe mais ne crée pas l'état de bonheur auquel on aspirait, il peut être utile d'en parler à un ami ou à un thérapeute ; le fait de verbaliser et de s'obliger à être compréhensible pour son interlocuteur permet d'avoir une vision un peu plus éclairée de ce qui se joue.

Une des premières interrogations va être de clarifier le besoin de présence de l'autre et le degré de ce besoin. Que l'on veuille passer le plus de temps possible avec son partenaire et en « profiter » lorsque l'on est amoureux, rien de plus normal. De même, si un éloignement survient, par exemple si le partenaire doit accomplir un déplacement professionnel lointain de quelques jours ou de quelques semaines, il est humain de ressentir un manque, de souffrir de cette absence. Pour autant, on continue de vaquer à ses occupations habituelles, de travailler, de fréquenter diverses personnes, amis ou collègues en attendant avec impatience le retour de la personne aimée.

En revanche, quand l'éloignement physique devient insupportable et est vécu comme un supplice avec son cortège de doutes et d'angoisses, quand cet éloignement est vécu avec la peur qu'il s'éternise et ne cesse plus jamais, alors c'est que quelque chose n'est pas ou plus en équilibre. Il y a disproportion entre ce qui est et la façon de le vivre et d'y réagir.

Plus encore, si un éloignement temporaire, donc de courte durée, est considéré comme inenvisageable ou que l'on décide de modifier ou même d'annuler ses projets afin que cet éloignement soit réduit au maximum, c'est que de la dépendance s'est installée et est en train de polluer la relation. Si une absence de quelques heures déclenche une avalanche de textos pour savoir si l'être aimé va bien et pour savoir aussi et surtout quand il va revenir, alors le problème est plus grave : on est en train de s'enchaîner à l'autre tout en l'empêchant de respirer. Ce qui va créer une difficulté, c'est qu'au lieu d'envisager les conséquences futures possibles d'un tel comportement, on est dans la réaction de l'instant, une réaction difficilement maîtrisée où l'on est la proie des émotions ressenties. Il n'y a alors plus de contrôle, plus de rationalité, on est dans l'entière dépendance de l'émotion de l'instant et de toutes les peurs infondées qui surgissent de partout. Cela n'a plus rien à voir avec de l'amour.

Quand la jalousie s'invite

Parfois couplée à ce besoin permanent de l'autre, la jalousie peut s'inviter dans la relation. La jalousie, c'est l'imaginaire qui s'emballe à cause d'un manque flagrant de confiance en l'autre, celui-ci étant causé par un manque tout aussi flagrant de confiance en soi.

Une relation d'amour est d'abord basée sur la confiance. Elle peut cesser ou se modifier si cette dernière est trahie. Mais lorsque l'on ressent une trahison, on s'appuie sur une réalité, sur une preuve concrète, sur un élément factuel, voire sur l'interprétation d'une situation, non sur une supposition imaginaire dictée par la peur. Cette peur peut provenir du moindre signe de désintérêt de la part de son partenaire. Ce désintérêt peut être réel, mais momentané et dicté par une cause autre. Par exemple, si le partenaire est en train de relever un lourd challenge professionnel décidant de sa carrière ou s'il est en deuil d'une personne qui lui était proche et chère, il est normal qu'il soit moins présent à l'autre. Est-ce du désintérêt ? Oui, en quelque sorte, cependant il est compréhensible, voire légitime, et limité dans le temps. Pour être plus juste, ce n'est pas à proprement parler du désintérêt, mais bien davantage une focalisation temporaire sur un autre sujet. Il peut aussi arriver que le signe de désintérêt dénoncé soit purement imaginaire : interprétation faussée et quasi pathologique d'un comportement dont la fonction est de se prouver que l'on a raison d'être jaloux.

La jalousie se fonde donc sur une peur irrationnelle qui peut être dévastatrice pour la relation. Elle est en général créée par une blessure d'abandon qui n'a pas été identifiée et/ou qui n'a pas été guérie : une peur du passé, plus ou moins consciente, remonte à la surface pour détruire une relation présente. Les scénarios redoutés n'ont aucune réalité, mais ils s'imposent car on leur laisse le champ libre, et dès lors, ils parasitent tout.

MILA
34 ANS

« Mes relations amoureuses ne sont jamais simples. Je suis peureuse, je demande énormément en plus, je ne suis pas facile. Surtout, je suis très vite jalouse. Ma psy m'aide beaucoup, mais il y a encore un sacré travail à faire. Ma jalousie exaspère Lucas, mon copain actuel. Enfin, mon ex-copain. À force d'être méfiante, de le questionner bêtement et durement, et tout le temps, et de le soupçonner sur tout, je le pousse à bout régulièrement et il finit par devenir violent. Verbalement bien sûr, jamais il ne me taperait. Mais, même avec les mots, ce n'est pas son genre, sauf que je le pousse à bout. J'arrête pas ! C'est mon comportement qui est en cause. Il a fini par me mettre dehors. On s'est remis ensemble trois semaines après. Je crois qu'il m'aime. C'est un doux, il est très gentil, très patient aussi. Mais ma jalousie est revenue tout polluer, et là, après une dernière crise où on a crié à réveiller l'immeuble, il m'a virée à nouveau. Je crois que c'est définitivement foutu.

J'ai réfléchi à ce qui s'est passé. En fait, j'ai trop peur qu'il parte avec une autre et qu'il m'abandonne. Dès qu'il fait un peu moins attention à moi, j'imagine qu'il s'intéresse à une autre. Je sais que c'est fou. J'en parle à ma psy. J'en suis consciente. Mais il y a une partie de moi complètement folle qui n'arrive pas à se raisonner. Je revis inlassablement une vieille histoire. Un jour, sans doute, ça s'arrêtera, mais là, je suis encore en plein dedans et je regrette Lucas. C'est vraiment un garçon bien, mais j'ai tout fait pour le perdre. »

Il existe une variante qui peut sembler étonnante, mais plus fréquente qu'on ne le suppose. Cela consiste, pour le dépendant affectif, à avoir un comportement et/ou à laisser planer de multiples doutes et interrogations pour placer l'être aimé en zone d'incertitude et le rendre volontairement jaloux. Pour quelle raison ? Pour avoir une preuve de la véracité de ses sentiments.

C'est là un jeu dangereux, malsain et créateur de souffrances tout à fait inutiles. La peur peut être atténuée ou abolie temporairement grâce à un partenaire compréhensif dont les paroles et comportements donnent une assurance suffisante, mais il y a aussi le risque que les peurs initiales soient accentuées et même exacerbées.

Enfin, il y a un autre risque : que le partenaire décide de cesser la relation, car ces scénarios visant à créer une fausse jalousie – et surtout s'ils viennent à être répétés – peuvent être vécus d'une manière telle que la confiance en l'autre est détruite.

Qualifier ces types de relations d'amour ou même de dépendance amoureuse, c'est se tromper sur la nature réelle de ce qui se trame. Une relation d'amour se vit dans une confiance mutuelle, sur un registre émotionnel relativement stable et où, tout en contribuant à satisfaire les besoins du partenaire et du couple, ses propres besoins ne sont pas négligés pour autant. On prend, on donne, on partage, on échange, le tout dans un équilibre qui fait la force et la beauté de la relation.

Dans une relation de dépendance affective, quel que soit le nom qu'on lui donne, ces éléments sont en souffrance et parfois absents, à commencer par la confiance en soi et en l'autre, puis du registre émotionnel où c'est la peur qui domine, et cela dans un déséquilibre relationnel qui risque de détruire la relation.

Des caractéristiques à prendre en compte

À ce stade, nous pouvons répertorier comme suit les principales caractéristiques de la dépendance affective (certains items renvoient nécessairement à d'autres ; par exemple, la peur de déplaire, d'être rejeté ou abandonné entraîne une tendance à se soumettre aux désirs de l'autre et donc à oublier ou à négliger ses propres besoins) :

- tendance à solliciter en permanence les avis et conseils de l'autre ;
- difficulté à prendre une décision seul et à se prendre en charge sans être rassuré ou conseillé de manière excessive ;
- recherche permanente d'approbation ;
- tendance à chercher à outrance à obtenir le soutien et l'appui de l'autre ;
- très grande difficulté à exprimer un désaccord de peur de perdre soutien ou approbation ;
- demande permanente de sécurisation et de réassurance affective ; doute permanent sur l'affection de l'autre ;

- besoin puissant de plaire, d'être accepté et apprécié ;
- peur de déplaire, d'être rejeté, abandonné ;
- tendance à se soumettre aux désirs de l'autre ;
- oubli ou négligence de ses propres besoins ;
- exigences de proximité, refus que l'autre s'éloigne, difficulté à accepter l'indisponibilité de l'autre ;
- très grande peur de la solitude et crainte exagérée d'être incapable de se débrouiller seul ;
- suspicion et jalousie à fleur de peau, liée à une demande d'exclusivité, si bien que l'on finit par prendre pour la réalité des peurs fantasmées ;
- rarement rassuré, ou pour un temps assez bref, par les signes d'affection émanant de l'autre ;
- chantage affectif en créant de la jalousie chez l'autre pour s'assurer de ses sentiments ;
- confiance en soi, estime de soi et affirmation de soi très faibles.

Ce sont là les principales caractéristiques, mais un dépendant affectif peut n'en manifester que certaines, à différents degrés, et quelques-unes peuvent se manifester un peu différemment. Par exemple, il n'est pas nécessairement un jaloux maladif. De même, il peut être envahissant en cherchant par tous les moyens à plaire à l'autre ou, inversement, se tenir beaucoup plus sur la réserve afin de ne pas contrarier les désirs de l'autre. Et puis, parmi ces caractéristiques, il y a des constantes : l'estime de soi en retrait, l'affirmation de soi très faible, voire quasi inexistante, un climat de craintes et/ou de peurs quasi constant, une recherche d'approbation sur ce que l'on est, ce que l'on fait, ce que l'on vit (recherche d'approbation nécessairement couplée à un besoin d'acceptation).

Pour résumer encore, on peut définir la dépendance affective par un besoin constant (et parfois quasi addictif) de l'autre pour se sentir bien, et par une quête permanente de sa présence et de son affection, quitte à négliger sa propre personne. Vivre dans le regard des autres signe un manque grave de confiance en soi ; cela se fonde sur la croyance que l'on a peu de valeur et que, pour être aimé, il faut satisfaire les exigences des autres. C'est un phénomène d'incapacité psychologique à vivre par et pour soi-même lié à une angoisse d'être abandonné, l'ensemble créant des formes d'attachement et de soumission complexes.

Chapitre 2
Enjeux et risques

COMMENT SE CRÉE LA DÉPENDANCE AFFECTIVE

Des peurs multiples qui se télescopent

Les causes de la dépendance affective sont variées. Celle-ci est le signe d'une immaturité psychique ou émotionnelle. De manière globale, l'enfance d'un dépendant affectif a été marquée par un déficit d'affection et d'attention. En outre, il y a eu parfois une responsabilisation intervenue trop tôt. Mais l'un des points capitaux, c'est que l'amour donné à l'enfant a été conditionné : il faut être ceci ou avoir fait cela pour être apprécié, pour avoir de la valeur et être reconnu, et donc accepté et aimé.

L'amour reçu dépend ainsi de ce que l'on réalise et de ce que l'on est. Il est donné en « échange » de quelque chose : « Je t'aime si... » Attention ! Si, bien souvent, cet aspect conditionnel a été explicite, il se peut aussi qu'il ait été perçu comme tel par l'enfant : son psychisme a réinterprété ce qui était dit et se l'est répété en boucle jusqu'à en faire une certitude : « Je suis aimé si... » Il n'y a pas automatiquement une faute des parents.

Malgré tout, il peut y avoir eu un déficit. Déficit d'amour, d'affection et/ou d'attention. Durant cette enfance, le parent peut être absent physiquement, sans donner toutes les raisons suffisantes à son absence. Cela crée chez l'enfant une attente douloureuse et la peur que cette absence ne soit éternelle.

Mais le parent peut être présent physiquement tout en étant absent émotionnellement et affectivement. L'enfant perçoit alors qu'il n'existe pas et qu'il lui faut faire plus, notamment obéir à chaque injonction parentale pour obtenir de l'affection et avoir l'impression d'exister. Tous ces comportements créent une peur d'abandon* (ou de rejet) qui fatalement engendre une dépendance affective.

Quand cette peur s'installe, elle tend à devenir constante. L'adaptation aux demandes des autres se transforme lentement en une hyperadaptation. Cela signifie que les besoins de l'enfant sont abolis et qu'il va considérer comme importants et nécessaires les désirs et besoins d'autrui et mettre tout en œuvre pour pouvoir y répondre au mieux. De cette manière, pense-t-il, il ne sera pas abandonné. Peut-être même sera-t-il apprécié. Dans cette façon de penser et d'appréhender la relation, l'amour parental n'est pas offert gratuitement, ce n'est pas un dû. C'est quelque chose qui se mérite et qui sera donné... ou non. Si l'amour parental est ainsi envisagé quand on est enfant, il n'est pas difficile d'imaginer comment peut être vécu, à l'âge adulte, l'amour d'une autre personne.

La stratégie du dépendant affectif va se mettre en place progressivement. Elle est simple : il

* Les causes et les problématiques de la peur de l'abandon ayant été développées et analysées dans un précédent livre, elles ne peuvent être reprises ici et le lecteur est invité à s'y référer. *Se libérer de la blessure d'abandon. Apprendre à s'aimer et retrouver confiance en soi*, Xavier Cornette de Saint Cyr, Leduc, 2022.

s'agit de ne pas faire peur à l'autre. Sinon, il pourrait partir et il y aurait alors abandon. Ne pas lui faire peur, c'est à la fois ne pas l'étouffer avec une demande d'affection démesurée qui emplit tout l'espace et ne pas le contrarier pour qu'il ne s'imagine pas vivre avec une personne... contrariante.

Stratégie simple mais redoutable, car du coup, plus aucune demande n'est faite, plus aucun besoin n'est exprimé, plus rien de personnel n'existe. Pour le dépendant affectif, cela va jusqu'à oublier ce qu'il désirait et encore plus loin, jusqu'à croire et à se convaincre qu'il désire ce que l'autre désire. Son discours est logique et imparable : « Si je veux également ce que tu veux, tu ne peux donc rien me reprocher. Je suis dans une harmonie parfaite. » Le problème pour le partenaire est alors double : d'une part, il s'inquiète, voire il est effrayé de cette toute-puissance qui lui est ainsi conférée ; d'autre part, comment éprouver de l'amour pour quelqu'un qui accepte qu'on le possède ? Comment aimer une personne se présentant comme un esclave soumis et dénué de toute personnalité ? Stratégie simple mais redoutable, disions-nous. Oui, redoutable, car si le partenaire fait ce double constat, soit il a un tempérament de pervers sadique et il va en user et en abuser, soit il a besoin qu'une personne se respecte elle-même pour la trouver digne d'estime, de respect et d'amour, et il risque alors, en découvrant cette soumission, de partir. C'est le gros problème du dépendant affectif, à l'instar de l'abandonnique, de créer lui-même les conditions de ce qu'il redoute.

En tout état de cause, quand le dépendant a appris à s'oublier au profit d'une autre personne, il éprouve ensuite une difficulté à se reconnaître lui-même, à s'aimer lui-même, à s'apprécier, à se trouver une quelconque valeur et à se sentir capable d'accomplissements. Il recherchera alors tout au long de sa vie, consciemment ou non, des personnes qui peuvent lui donner cette impression d'être apprécié, aimé et valorisé. C'est pour cela que la porte s'ouvre en grand sur la dépendance affective auprès des collègues, des amis ou des amours.

Composer avec les failles narcissiques

Avec un tel comportement, le dépendant affectif peut donc devenir le partenaire idéal d'une personne toxique manipulatrice. En effet, il présente une faille que l'on appelle la « faille narcissique ». Il existe deux catégories de pathologies narcissiques. La première, qui est la plus répandue dans le langage courant, consiste en un excès d'amour de soi qui se traduit notamment par de l'égoïsme, de l'égocentrisme, une absence d'empathie, et des sentiments pour autrui qui restent superficiels.

La seconde, qui est la problématique du dépendant affectif, est tout l'opposé et se caractérise par une insuffisance de narcissisme (ou faille narcissique), qui vient de blessures et d'une d'estime de soi trop faible. Des besoins affectifs n'ont pas été comblés et se sont transformés en manques jamais guéris. Insuffisance ou excès de narcissisme, les deux trouvent leur origine dans la fragilité de la mise en place de l'amour de soi. Les personnes sujettes à ce trouble sont préoccupées – parfois obsédées – par l'image qu'elles renvoient et surtout par le reflet que leur renvoie le regard d'autrui. Cette image doit être belle, flatteuse, et c'est pourquoi le narcissique a tant besoin que l'on s'intéresse à lui.

La faille narcissique se caractérise par une image de soi négative et une carence d'estime de soi qui rendent donc le dépendant affectif soumis au regard de l'autre. En agissant de manière à combler temporairement cette faille, le manipulateur place le dépendant affectif à sa merci.

Toutefois, attention à pas tout amalgamer : ce n'est pas parce qu'un dépendant affectif est soumis dans une relation que cette relation est nécessairement manipulatrice. La manipulation répond à des critères spécifiques. Le mot a été galvaudé, mais tout repose avant tout sur une relation d'emprise* et la soumission du dépendant affectif ne signe pas obligatoirement une manipulation. C'est ce qu'exprime la psychologue Marlène Fouchey** : « *Cela n'a rien à voir non plus avec le fait d'être en couple avec une personne toxique et manipulatrice. L'attitude soumise du dépendant provient de son fonctionnement interne et non du comportement de la personne avec qui il partage sa vie.* »

* Pour bien comprendre la notion d'emprise, ce qu'elle recouvre et ce qu'elle engendre, voir *Hommes sous emprise. Les manipulatrices dans le couple*, Xavier Cornette de Saint Cyr, Guy Trédaniel Éditeur, 2020.

** Voir « La dépendance affective : derrière un terme à la mode, un vrai trouble », article de Sarah Terrien, *Le Figaro*, 20 juin 2018 : https://sante.lefigaro.fr/article/la-dependance-affective-derriere-un-terme-a-la-mode-un-vrai-trouble/

Troubles de l'attachement et dépendance

Lorsqu'il y a eu dans l'enfance des troubles de l'attachement, la conséquence en est la dépendance affective à l'âge adulte. En effet, un enfant a des besoins primaires (besoins de sécurité, d'estime de soi, d'expression de soi, d'être valorisé, compris et entendu, et progressivement responsabilisé...) qui doivent être pris en compte et satisfaits par ses parents. Si ce n'est pas le cas, alors se crée et se développe un trouble de l'attachement qui va l'affecter toute sa vie en impactant son comportement et en rendant difficiles ses relations à autrui.

La théorie de l'attachement, développée dans les années 1960 par le psychiatre et psychanalyste britannique John Bowlby (1907-1990) permet de mieux saisir le style relationnel des êtres humains. Selon lui, des types d'attachement, créés pendant l'enfance, marquent les relations interpersonnelles à l'âge adulte. L'attachement, c'est le lien émotionnel et affectif que le bébé développe pendant la première année de sa vie d'abord avec son *caregiver* (le « donneur de soins », c'est-à-dire ses parents ou les personnes qui prennent principalement soin de lui, le plus souvent, la mère).

Cette relation est de toute importance, car elle permet au bébé de se sentir en sécurité pour aller explorer son environnement et entrer en relation avec d'autres personnes, et donc de bien se développer. Si cela n'a pas été le cas et que cet attachement a été perturbé, il peut en résulter des difficultés et des comportements qui perdureront à l'âge adulte et pourront créer une dépendance affective.

Il se trouve qu'une des fonctions de l'attachement – et l'une des plus importantes – est de permettre de se sentir en sécurité. C'est ce qui incite à partir à la découverte de notre environnement. On voit tout de suite toute l'importance que cela recouvre : c'est à la base du développement intellectuel et moteur du petit enfant, lequel se traduit dans sa vie adulte notamment par de la curiosité pour le monde des idées et les relations à autrui, donc par une envie de découvrir, de connaître et de comprendre cet environnement au sein duquel il évolue. L'émotion dominante lors de cette découverte est la « joie », donc une expansion. L'imitation est une voie très importante dans le développement de l'enfant. Si ses parents manifestent de la curiosité et de l'ouverture sur le monde extérieur, l'enfant sera plus enclin à manifester de la confiance envers ce monde. On peut donc supposer que si l'attachement n'a pas rempli initialement son rôle, l'émotion dominante vis-à-vis de l'environnement sera plutôt la peur, avec méfiance et repli face à ce qui n'est pas connu. Et lorsqu'on a peur, on a besoin d'être rassuré, protégé, sécurisé afin que l'émotion diminue et disparaisse. Or, deux des grandes composantes de la dépendance affective sont la peur de l'abandon et la peur de la solitude.

John Bowlby a donc développé une théorie de l'attachement en s'appuyant, entre autres, sur les travaux de psychologues comme Donald Woods Winnicott ou Harry Harlow. Il considère qu'un jeune enfant doit développer une relation affective privilégiée avec au moins une personne qui prend soin de lui de façon cohérente et continue. C'est ce qui lui permettra de se développer normalement sur les plans affectif, social et émotionnel, et d'aller explorer le monde.

Mary D. Salter Ainsworth (1913-1999), psychologue américaine, a apporté une contribution importante à cette théorie. Elle a mis en évidence différents types d'attachements qui sont le type « sécure », type d'attachement optimal, et les types « insécures » ambivalents et évitants (fuyants).

Mary B. Main (née en 1943), psychologue et professeure d'université américaine, a de même travaillé sur cette théorie à la suite des recherches de John Bowlby et de Mary Ainsworth, et a ajouté un quatrième schème d'attachement : le type « désorganisé ».

Quatre schèmes d'attachement

Il y a aujourd'hui quatre schèmes d'attachement reconnus par la recherche. On parle ainsi d'« attachement sécurisant » et d'« attachement insécurisant de type évitant », « insécurisant de type ambivalent » et « insécurisant de type désorganisé ». Par simplification, nous prendrons ici la mère comme « donneur de soin » (*caregiver*), mais ce pourrait aussi être le père ou une autre personne.

L'attachement sécure

Un enfant avec ce type d'attachement à sa mère explorera librement l'environnement en présence de celle-ci (elle est une « base sûre » à partir de laquelle explorer). Quand elle s'en va, il manifeste le manque de sa mère en pleurant et en appelant, mais il se sent peu en détresse car il sait qu'elle va revenir. Il est heureux et rassuré quand elle revient et repart jouer. Il sait qu'en cas de besoin (peur, tristesse), il trouvera auprès d'elle le réconfort nécessaire. L'enfant peut être rassuré par un étranger, mais montre une préférence nette pour sa mère, qui répond de façon appropriée, rapide et cohérente à ses besoins. Ainsi, à l'âge adulte, il n'aura pas de difficulté à devenir intime et à faire confiance à son partenaire.

L'attachement insécure ambivalent

L'enfant montre de l'inquiétude avant même la séparation ou carrément de la détresse quand le parent s'en va, car il n'est pas entièrement certain qu'il reviendra. L'enfant devient ainsi « collant » pour calmer son stress ; il s'agrippe à son parent. Ne pouvant l'utiliser comme base de sécurité, il recherche la proximité avant que la séparation ne survienne, mais de façon ambivalente. Par exemple, il peut manifester de la colère envers sa mère, mais aucun signe d'affection. La problématique vient de la mère, qui montre de l'incohérence dans les réponses qu'elle apporte à l'enfant : certaines d'entre elles sont appropriées, d'autres sont caractérisées par une hypervigilance anxieuse, et d'autres encore manifestent au contraire un désintérêt ou une négligence vis-à-vis de l'enfant. Ce dernier est agité et pleure intensément en l'absence de sa mère, qui arrive rarement à le calmer à son retour.

Par peur que le parent ne revienne pas, l'enfant peut montrer une disponibilité permettant de répondre aux besoins d'affection du parent. Cela induit un mode de comportement spécifique quand il est adulte : relations anxieuses, parfois emplies de frustrations, par peur d'être abandonné, et tendance, pour contrer cette anxiété, soit à contrôler la relation, soit à se soumettre à son partenaire.

En effet, l'enfant devenu adulte vit avec une mauvaise estime de lui fondée sur un amour de soi carencé et une propension à idéaliser l'autre pour combler le besoin d'être rassuré sur ses sentiments et sa disponibilité. Forcément, cela crée un problème d'attachement. Il va ainsi vivre avec un grand besoin de l'autre pour se sentir exister, ce besoin étant couplé à une peur omniprésente d'être abandonné. La tendance à se demander si son partenaire l'aime réellement crée forcément une anxiété qui, pour être apaisée, va nécessiter de recourir à des stratégies. Cela prend la forme de demandes excessives et d'une recherche intense de proximité.

Il se trouve dès lors en dépendance affective avec une tendance à tout investir dans l'autre, avec des attentes affectives démesurées, qui peuvent rendre la chute d'autant plus brutale en cas de rupture. La peur de l'abandon est si forte que cela peut engendrer des comportements de soumission ou d'oubli de soi, autant dans l'espoir d'être reconnu et estimé que pour éviter une séparation. Cela amène des personnes à rester dans une relation même quand celle-ci est insatisfaisante, voire malsaine.

L'attachement insécure évitant

L'enfant manifeste peu d'échanges affectifs durant un jeu ainsi que peu ou pas de signe de détresse en cas de séparation et peu ou pas de réaction visible lors du retour. En fait, dans ce type d'attachement, l'enfant évite ses états émotionnels, après avoir expérimenté qu'ils ne sont pas reconnus et traités en tant que tels par les adultes (manque d'attention, colère, moqueries, négation, dévalorisation, etc.). C'est ainsi que l'on a affaire à un enfant qui montre une certaine indifférence à l'égard de son parent et se dirige davantage vers ses jouets. S'il semble ne rien ressentir, l'enfant inhibe en fait ses manifestations émotionnelles et intériorise ses besoins pour ne pas en subir de conséquences indésirables. Il peut ainsi ignorer celui qui le prend dans les bras ou s'en détourner, et ne pas faire d'effort pour maintenir le contact. Il traite les étrangers de la même manière. Il semblerait que ce comportement apparemment imperturbable de l'enfant soit en fait un masque de détresse.

Les personnes à l'attachement évitant se construisent avec une représentation négative du monde et des autres, synonymes de menaces potentielles. Elles ont d'ailleurs souvent tendance à avoir une image positive d'elles-mêmes et négative des autres. Leur comportement se caractérisera en conséquence par une forme de rejet de l'attachement et de la relation amoureuse, avec donc une tendance à fuir la relation en soi ou à la vivre de manière désinvestie en évitant l'intimité, et cela par peur de souffrir. Ce sont des personnes qui vont mettre en avant un fort besoin d'autonomie. Elles se sont construites de manière à ne jamais rien devoir à autrui et surtout à ne rien demander affectivement.

Elles ont souvent souffert d'un manque de réponses de la part de leur première figure d'attachement (les parents). Résultat : elles décident, et parfois tout à fait inconsciemment, de ne plus jamais se mettre en situation de souffrir du manque de l'autre. S'attacher, c'est se rendre vulnérable et s'exposer à réactiver une blessure initiale. Elles n'expriment donc pas leurs émotions, peuvent être inhibées affectivement, et si elles peuvent donner, elles acceptent difficilement de recevoir en retour.

À l'inverse des personnes anxieuses (qui sont plus concernées par l'attachement précédent dit « insécure ambivalent »), elles ressentent dans l'intimité relationnelle un réel inconfort. En conséquence, elles vont faire en sorte de toujours maintenir une certaine distance émotionnelle avec leur partenaire.

L'attachement désorganisé

Ce type d'attachement est le plus déstabilisant, le plus pathologique. L'enfant, au moment où il a besoin de réconfort, est en proie à deux comportements opposés : d'un côté, il veut trouver refuge dans les bras de son parent représentant une figure de sécurité ; de l'autre, cette figure pouvant réagir de façon imprévisible, il peut se sentir terrorisé. Cette impasse, ou plus justement cette contradiction de ressentis, l'empêche de trouver une stratégie claire et apaisante. Cela résulte d'un comportement parental marqué par des éléments traumatiques se traduisant par une incapacité à répondre correctement aux besoins de l'enfant à qui sont communiqués des signaux contradictoires de rapprochement et de mise à distance. L'enfant se heurte de façon répétitive à une absence de réponse adéquate à ses besoins.

L'adulte à l'attachement désorganisé combine des traits associés aux types évitant et ambivalent. L'insécurité est très grande et se traduit par un immense besoin de l'autre tout en s'en méfiant. Il est souvent issu d'une famille marquée par l'alcool, l'abus sexuel ou la violence physique avec des comportements d'activation et de désactivation du système d'attachement, et ce, parfois de façon simultanée.

La dépendance affective prend ici une tournure spécifique, puisqu'elle est dans une oscillation permanente entre une recherche de connexion affective intense et un rejet presque phobique des manifestations d'affection : le besoin très intense de proximité peut ainsi être suivi d'une mise à distance radicale. Il y a des émotions souvent contradictoires qui génèrent des comportements incompréhensibles et/ou inadaptés.

En fonction de la situation, et d'autres paramètres par toujours facilement identifiables, il y a une peur de l'abandon ou une peur de l'intimité ou une succession de l'une et de l'autre. C'est effectivement incompréhensible pour le partenaire, qui se trouve confronté à une succession de comportements opposés. Comment réagir et que comprendre d'un besoin puissant de s'attacher à l'autre et d'attacher l'autre à soi, quand ce besoin cohabite avec une peur de cet attachement et l'angoisse de se perdre dans l'autre ? Ce n'est pas gérable.

Nous voyons donc que la dépendance affective s'installe au moment où l'enfant développe un style d'attachement, c'est-à-dire quand il va intégrer (souvent inconsciemment) l'idée d'un rapport affectif plus ou moins lâche, plus ou moins réel, plus ou moins présent... ou absent. C'est comme s'il s'interrogeait : est-ce que je mérite ou non d'être aimé ? S'il y répond négativement, un sentiment de vide intérieur va survenir et il n'aura, plus tard, de cesse que de combler ce manque profond d'amour, sans y parvenir, comme les Danaïdes condamnées indéfiniment à remplir d'eau un tonneau percé. C'est ainsi que l'enfant devenu adulte souffre d'être un dépendant affectif.

Si nous résumons, nous obtenons le tableau de la page suivante :

	Attachement sécure	Attachement insécure ambivalent	Attachement insécure évitant	Attachement désorganisé
Croyances de la mère	Pense qu'elle peut subvenir aux besoins de son enfant.	Pense qu'elle n'est pas capable de subvenir aux besoins de son enfant.	Pense avoir des difficultés à subvenir aux besoins de son enfant.	Ne sait pas du tout comment subvenir aux besoins de son enfant.
Comportements de la mère	• Réagit directement. • Cohérence. Soutien de l'enfant.	• Peut se montrer indifférente. • Peu de cohérence.	• Se montre distante et critique. • Réagit peu ou avec colère.	• Réactions imprévisibles et souvent contradictoires.
Conséquences sur l'enfant	• Se sent en confiance et en sécurité. • Confiance en soi et indépendance.	• Stress et insécurité. • Sentiment d'abandon. • Agressivité.	• S'isole émotionnellement. • Stress et peur.	• Mélange de peur, de tristesse et de colère. • Contradiction de ressentis.
Conséquences à l'âge adulte	• Sens de l'intimité. • Fait confiance à son partenaire.	• Besoin de l'autre pour se sentir exister. • Peur omniprésente d'être abandonné.	• N'exprime pas ses émotions. • Distance émotionnelle avec son partenaire.	• À la fois besoin de l'autre et méfiance vis-à-vis de lui. • Émotions contradictoires et comportements inadaptés.

Plusieurs combinaisons possibles

Des styles relationnels insécures ont une certaine propension à s'attirer et à se renforcer mutuellement. D'ailleurs, et comme s'il y avait là une recherche de complémentarité, le dépendant affectif se tournera bien souvent vers ceux qui auront une faille narcissique à combler. C'est pourquoi, comme cela a été souligné, il est une victime de choix pour un pervers narcissique.

À partir de ces schèmes, des combinaisons peuvent se faire qui complètent les descriptions de styles qui viennent d'être faites. Voyons ce que cela peut produire (sans s'attacher au couple sécure/sécure qui ne pose pas de difficulté particulière).

Un couple dont les deux partenaires sont de type anxieux (attachement ambivalent) peut trouver son équilibre. Chacun a besoin de se rapprocher de l'autre et aucun ne se voit vivre sans l'autre. La problématique essentielle de la dépendance affective est ce besoin de rester en communication presque constante avec l'autre. La relation en devient donc d'autant plus fusionnelle et intense, et chacun, voyant son besoin de proximité satisfait, donne au couple un équilibre rassurant. Même si, *a priori,* cela ne paraît pas évident, l'attachement insécure ambivalent quand il concerne les deux parties peut être une combinaison qui fonctionne.

De manière totalement différente mais selon une logique identique, un couple où les deux partenaires sont du type « évitant » peut aussi fort bien vivre et mener la relation. Chacun a un besoin d'indépendance et si ce besoin est satisfait, c'est suffisamment rassurant pour ne pas vouloir autre chose. Vu de l'extérieur, un tel couple peut sembler distant, alors qu'en réalité il trouve son juste équilibre en évitant tout ce qui pourrait ressembler à une relation fusionnelle. Nous n'irons pas jusqu'à dire que deux dépendants affectifs qui se rencontrent vont nécessairement former un couple stable, mais cela peut arriver dès lors que l'attitude de chacun se retrouve en miroir de celle de l'autre. La complémentarité y trouve son compte !

En revanche, il semble évident que l'évitant et l'anxieux ne pourront pas trouver leur bonheur. Quand un indépendant amoureux de sa liberté rencontre un abandonnique amoureux de sa sécurité, cela crée forcément du déséquilibre et à terme du conflit. Curieusement, il se trouve que beaucoup de couples (certains disent une majorité) ont en réalité cette combinaison. Peut-être que leur attirance vient de ce que leurs demandes – et conséquemment leurs blessures – sont tout à fait opposées. Il n'en demeure pas moins que l'équilibre est d'une très grande fragilité et la relation fréquemment conflictuelle. C'est également avec ce genre de combinaison que l'on rencontre le plus de relations toxiques et malsaines.

Ensuite, il y a les combinaisons entre l'attachement sécure et l'un ou l'autre des attachements insécures qui peuvent aussi trouver leur équilibre. L'essentiel repose sur la personne sécure qui donne ce qui manque à l'insécure : la stabilité, en répondant à son besoin d'être rassuré sur ce qui lui fait peur. Il semblerait d'ailleurs qu'au fil du déroulé de la relation, l'insécure gagne en stabilité et se rapproche du comportement d'une personne de type sécure. Une incertitude peut planer sur un couple sécure/désorganisé. Nous avons vu la difficulté que peut représenter le comportement d'une personne concernée par l'attachement désorganisé. Cela ne veut pas dire qu'un tel couple est impossible. Il est cependant plus complexe ; et sans pouvoir établir une loi générale, on peut juste admettre que son équilibre dépendra du degré de stabilité de la personne sécure et du degré de « désorganisation » de son partenaire. Si chacun est suffisamment conscient de sa dynamique, de ses attentes et de son comportement relationnel pour pouvoir le communiquer à l'autre, et si chacun est prêt à travailler à la recherche d'un équilibre satisfaisant pour tous, alors l'ensemble peut trouver sa voie.

Au travers de ces différentes combinaisons, nous voyons donc que des équilibres sont possibles. Toutefois, sans vouloir jouer les Cassandre, reconnaissons que ce n'est pas toujours évident et ne négligeons pas l'importance de la problématique. Une fois de plus, retenons que ce qui compte, ce n'est pas tant la nature de l'attachement que le degré ou la puissance de son expression.

Certes, une personne sécure peut donner à un anxieux ce qui lui manque. Cependant, si l'anxieux est vraiment très anxieux et en demande permanente de présence et de confirmation d'affection comme nous l'avons vu dans les divers symptômes de la dépendance affective, alors la personne sécure ne sera plus à même de pouvoir répondre à ses demandes. Tout le monde n'a pas vocation à offrir un amour sacrificiel.

Nous avons vu que la dépendance affective s'installe au moment où l'enfant développe un style d'attachement et que cela engendre différents modes de comportements pouvant par la suite se combiner. Terminons ce point en soulignant que la dépendance affective peut aussi se développer en dehors de l'enfance. En effet, une personne peut, enfant, avoir bénéficié du premier type d'attachement dit « sécure », et une fois adulte, avoir vécu un ou plusieurs traumatismes (violences, abus...) suffisamment puissants pour détruire la relation à soi et à l'autre qui était saine et y substituer la problématique relationnelle et affective de la dépendance. Réciproquement – et ce sera détaillé dans le dernier chapitre –, ces modèles relationnels ne sont pas figés et peuvent tout à fait évoluer au cours de l'existence, il est ainsi possible, malgré ce qui a pu se passer dans l'enfance, d'acquérir un attachement sécure à l'âge adulte grâce à des relations stables et sécurisantes et/ou grâce à un travail thérapeutique.

LA PEUR DE LA SOLITUDE

La peur d'être face à soi-même

La solitude est difficile à vivre pour le dépendant affectif, très difficile. Que redoute-t-il ? Certes, il a peur. Mais de quoi exactement ? Les non-dépendants peuvent assimiler la solitude à l'ennui, mais pas à la peur. Pourquoi est-ce si différent chez le dépendant ? Pourquoi est-ce si difficile à vivre ?

Cette peur de la solitude est si prégnante qu'il convient de lui consacrer un développement. Pour autant, précisons tout de suite que la détestation de la solitude ne signifie pas nécessairement que l'on est quelqu'un de dépendant. Nous avons quasiment tous dans notre entourage des personnes qui ont une sainte horreur de la solitude, et sont, par exemple, incapables de voyager seules ou de rester seules chez elles ; elles inviteront quelqu'un à dîner ou organiseront une fête ou sortiront dans un lieu où il y a du monde, mais une soirée en tête à tête avec soi-même, non ou alors exceptionnellement. Ces personnes ont tout simplement horreur d'être seules. Elles n'apprécient pas la solitude, mais n'en ont pas peur. Et à la limite, elles préfèrent être seules, pour un temps généralement assez court, même si ça leur pèse, que de vivre avec quelqu'un qui ne leur conviendrait pas du tout. Pour elles, ne pas aimer la solitude ne signifie pas pour autant qu'il existe une phobie.

Chez le dépendant affectif, la donne est différente. La solitude est à fuir. À telle enseigne que l'on parle d'« autophobie ». Il y a comme une double peur, puisque c'est à la fois une peur de soi-même et de la solitude. À la source de cette peur, on retrouve presque automatiquement une blessure d'abandon ou, tout au moins, une carence affective précoce avec l'un des parents, souvent la mère, qui s'est absenté pendant un certain temps et dont l'absence a été vécue comme une séparation traumatique. Cela ne signifie nullement qu'il y ait eu une intention négative de la part de la mère. Cette séparation peut être due, par exemple, à un déplacement pour raisons professionnelles, ou bien familiales comme le fait d'aller visiter un parent éloigné et malade ou encore à cause d'une hospitalisation (accident, accouchement...). Dans le psychisme de l'enfant, cela peut en effet être ressenti et vécu comme un véritable traumatisme. Mais l'absence peut aussi être d'une autre nature : la mère est présente physiquement, mais psychiquement ou émotionnellement ou affectivement absente pour différentes raisons :

- pensées anxieuses ;
- absorption dans le travail ;
- dépression, etc.

La personne ayant vécu cette séparation traumatique dans son enfance va, à l'âge adulte, demander aux autres de lui manifester réellement, concrètement, physiquement leur amour pour y croire. Et le fait de se retrouver seule réactivera l'ancienne douleur de l'absence maternelle. Nous voyons bien que c'est dans l'enfance que se construit la capacité à rester seul. Quand l'enfant, vers ses dix-huit mois, comprend que sa mère continue d'exister et va revenir, même s'il ne la voit pas, c'est qu'il a noué avec elle une relation solide et sécurisante. Nous retrouvons ici l'attachement dit « sécure ». Si la relation a été longuement défaillante sur ce point, une angoisse d'abandon a vu le jour et demeure présente une fois adulte.

SANDRINE
28 ANS

« J'ai horreur d'être seule sans quelqu'un à côté. Quand je dis que j'ai ça en horreur, c'est même carrément phobique ! Même si je n'ai plus rien à y faire, je reste au bureau jusqu'à ce que les plus tardifs partent, et tous les soirs, des amis dînent chez moi ou moi chez eux, ou on va au ciné, au théâtre, au concert, n'importe où et n'importe quoi mais avec quelqu'un. Le pire, ce sont les longs week-ends ou les vacances. Je les prévois longtemps à l'avance, mais si je me retrouve seule malgré tout, c'est la panique.
Je me revois toute petite quand ma mère me laissait seule pour aller retrouver son amant. À l'époque, je ne savais pas ce qu'elle faisait. Je me souviens seulement de deux peurs immenses : celle d'être seule (le moindre bruit m'effrayait et même me terrorisait) et la peur que ma mère ne revienne jamais, me laisse seule avec mes terreurs. J'ai essayé de me raisonner et de rationaliser, quand je me retrouve seule, la même angoisse réapparaît. Je la connais bien : une espèce de truc qui tord l'estomac et rend la respiration difficile avec des tas d'inquiétudes partout. C'est idiot, je sais, mais je n'y peux rien. »

Cette peur de la solitude entraîne des difficultés relationnelles et signe une immaturité affective. En effet, avoir une maturité affective, c'est avoir la capacité de faire alterner moments de solitude et moments de dépendance. Quand la solitude n'est pas supportable, c'est alors la dépendance qui prend toute la place.

Ne jamais se retrouver seul peut impliquer de se forcer à faire des activités ressenties comme non agréables mais permettant d'être en groupe. À la construction d'un masque pour paraître tel que les autres le souhaitent ou pourraient le souhaiter s'ajoute la construction d'une « fausse vie » pour être conforme à ce que ces autres attendent (ou semblent attendre) comme comportement social. Cela permet de camoufler une tristesse profonde et véritable : on joue un personnage auquel on tente de s'identifier. C'est factice, mais c'est une garantie contre une tristesse constante et contre une peur intense et irrationnelle d'être seul.

Il y a donc construction de ce que l'on appelle un « faux self », concept théorisé par Donald Woods Winnicott (1896-1971), un pédiatre et psychanalyste britannique. Il s'agit là d'une manière d'être ayant pour fonction de substituer (et de protéger) le vrai self, lequel correspond à ce que l'on est, à l'image que l'on se fait de soi. Le faux self est donc de nature défensive.

L'apprentissage de la solitude

L'important n'est pas que l'activité accomplie soit plaisante ou non, ou que l'entourage soit agréable ou non. L'important est de ne pas être avec soi-même. Il faut donc s'entourer de monde, tout le temps, sinon c'est le mal-être assuré. Ce mal-être n'est pas une posture. Il est une réalité qui peut dégénérer en angoisse réelle, une crainte anxieuse qui semble n'avoir aucune cause, qui paraît irraisonnée, mais n'en est pas moins présente et réellement ressentie. Cette anxiété peut, par exemple, faire imaginer qu'en cas de problème sérieux ou d'accident, il n'y aurait personne sur qui compter pour obtenir de l'aide ou pour porter secours, et même carrément que la mort pourrait survenir dans la solitude et l'indifférence la plus totale.

ADRIEN
33 ANS

« J'ai quitté Marie pour me mettre aussitôt en couple avec Noémie. Complètement fusionnel avec elle, encore plus je crois qu'avec les autres.

> Ça fait pas longtemps qu'on est ensemble, mais j'ai besoin de toujours la toucher, lui tenir la main, ou mettre mon bras autour de ses épaules, respirer son parfum, entendre sa voix. C'est tout juste si je la laisse aller aux toilettes toute seule ! Récemment, elle a dîné avec une vieille copine. Elle m'avait prévenu : une amie d'enfance qu'elle n'avait pas revue depuis très longtemps. J'ai accepté, forcément, je n'allais pas lui interdire ou m'intercaler entre elles deux. Mais quelle soirée horrible j'ai passée ! L'impression d'être abandonné, la peur que notre relation s'arrête. Le truc débile, quoi ! Quand elle est rentrée, je dormais au milieu du salon. Elle m'a engueulé le lendemain, car si j'ai dormi là, c'est parce que j'étais bourré. Oui, je me souviens avoir largement abusé de l'alcool ce soir-là. C'était ma manière de lutter contre cette peur d'être seul qui à chaque fois me donne l'impression que tout est fini. »

La solitude est un apprentissage qui nous amène à être bien avec nous-mêmes. Cela permet ensuite d'être bien avec les autres. Le dépendant affectif ne connaît pas cet état ; il préfère vivre une situation où on ne le respecte pas plutôt que d'affronter un face-à-face avec lui-même. Il redoute par-dessus tout d'être rejeté, mais en fait, il se rejette d'abord lui-même.

C'est pour cela qu'il en arrive à créer la situation qu'il redoute. Il a besoin de la présence de l'autre et c'est ainsi qu'il se sent exister, mais il en a *trop* besoin. Revers de la médaille : si l'autre s'absente, cela le plonge dans un état de panique. Il va donc s'agripper à cet autre au-delà du raisonnable, réclamer sa présence comme un petit enfant le ferait à sa mère. Or, ce que l'on accepte d'un petit enfant est plus difficilement supportable quand il s'agit d'un adulte ; et si ces scènes de panique se multiplient, et dégénèrent en états dépressifs, il arrive fatalement un jour où on ne le supporte plus, car cela demande une dose d'amour et une capacité de compréhension que tout le monde ne possède pas. Certains d'ailleurs ne souhaitent nullement aimer dans de telles conditions, car ils envisagent une relation comme un échange et non comme une prise en charge permanente.

JEAN-PHILIPPE
42 ANS

« J'ai rencontré Charlotte il y a quelques mois. Charmante, mignonne, attendrissante aussi, semblant à peine sortie de l'adolescence. On s'est mis ensemble assez rapidement. Ça m'a surpris, car ce n'est pas dans mes habitudes, mais, très vite, elle s'est installée chez moi et comme elle était quasiment toujours d'accord avec moi, je me suis dit « Pourquoi pas ? » Elle avait besoin que je sois très présent et comme elle le demandait de manière attendrissante, je répondais à sa demande. Au début. Sauf que je suis trader et n'ai pas la disponibilité qu'elle demande. Je rentre parfois très tard du bureau. On a commencé à vivre des crises : elle en larmes et en panique et moi la consolant. Puis elle toujours en larmes et moi essayant en vain de la raisonner. Je lui ai proposé qu'on prenne un animal de compagnie, qu'elle propose à une copine de passer la soirée chez nous quand je suis en retard, etc. Finalement, elle me rejoint au bureau et m'attend dans une pièce à côté, mais ce n'est idéal pour personne. Je me demande si on va pouvoir continuer ainsi. Ce serait dommage de se quitter… Elle est vraiment mignonne, mais elle manque beaucoup de maturité, et ça, je ne sais pas gérer. »

Pour réapprendre à vivre des relations apaisées et apaisantes, l'apprentissage nécessaire que devra faire le dépendant affectif est celui de la solitude. Ce n'est pas l'apprentissage le plus aisé, loin de là, tant les peurs conscientes et inconscientes sont à l'œuvre, tant se rejouent à l'âge adulte des drames de l'enfance, ou des situations d'abandon parfois réelles et souvent aussi imaginaires. Dans la tête de l'enfant, l'abandon qu'il imagine a la même puissance que celui qu'il vivrait réellement. La charge émotionnelle est aussi forte. Cette émotion reste ancrée au fond de lui. À l'âge adulte, une situation qui y ressemble plus ou moins réactive aussitôt ce souvenir, fait revivre la même émotion et déclenche les mêmes angoisses. C'est bien pour cette raison qu'apprendre à vivre des instants de solitude de manière sereine est un parcours certes difficile, mais absolument nécessaire. L'apprentissage de la solitude est ainsi une composante à part entière de la « guérison » du dépendant affectif.

UNE DÉPENDANCE POSSIBLEMENT MANIPULATRICE

L'existence d'un drame

Le dépendant s'attend à recevoir autant qu'il donne. Or, ce n'est pas toujours le cas. C'est même parfois l'inverse qui se produit, et pire encore quand il est la victime d'une relation manipulatoire où, de manière un peu abrupte, l'on pourrait dire qu'il donne 80 % pour recevoir 20 %. Il est dépossédé, mais comme régulièrement il reçoit quelques miettes, il continue de donner de peur de ne plus rien recevoir du tout. C'est pour cela qu'il a un sens du pardon un peu particulier. En effet, il pardonne tout et tout le temps en trouvant toutes les excuses possibles à son partenaire afin de ne pas se retrouver seul. Toujours ce problème de l'abandonnisme où tout est bon à prendre ou à faire (ou à subir) dès lors que cela évite de se confronter à un sentiment de vide affectif si douloureux.

Son manque d'estime de soi et de confiance en lui fait qu'il accepte ce qu'il ne devrait pas accepter, et cela car il a trop peur de pas pouvoir trouver une autre relation. Cette peur finit d'ailleurs par se transformer en conviction. Il a conscience que, parfois, il ne devrait pas accepter ce qu'il accepte, mais il le fait quand même. Là où le piège se referme sur lui de manière diabolique, c'est qu'à chaque fois, cette acceptation détruit un peu plus l'estime qu'il se porte et accroît donc sa perte de confiance en lui.

Cependant, un autre schéma peut également exister. En effet, il peut arriver que ce soit le dépendant affectif qui se montre manipulateur. Dans cette configuration, s'il donne, c'est pour obtenir. Son don n'a rien de gratuit ; s'il agit dans un certain sens, c'est pour obtenir davantage de preuves d'amour et d'engagement, et donc pour combler son vide affectif. Il n'est pas dans une générosité altruiste où l'on donne pour seulement faire plaisir à l'autre. Certes, le plaisir de l'autre est visé, mais de manière à créer une réciprocité et donc en attendant quelque chose en échange.

Cette manipulation peut se mettre en place de façon totalement inconsciente. Nous pourrions d'ailleurs rétorquer que nous sommes très nombreux à donner quelque chose dans l'espoir plus ou moins secret et plus ou moins conscientisé de recevoir autre chose en retour : un merci, un sourire, un câlin. C'est vrai, mais ce n'est pas alimenté en arrière-plan par une peur de tout perdre et notamment de perdre le partenaire. Par ailleurs, et toujours d'une façon qui peut être inconsciente, le dépendant affectif peut instaurer une logique de contrôle qui va laisser place à un chantage affectif. Attention à ne pas se méprendre : le dépendant affectif n'est pas nécessairement un maître chanteur et n'est pas non plus dans un fonctionnement pervers. Il ne cherche pas à nuire ou à faire du mal, mais à être nourri d'affection et à combler son besoin d'amour.

En revanche, il peut arriver qu'il joue l'un de rôles décrits par le médecin psychiatre américain Stephen Karpman en 1968 dans son fameux « triangle dramatique ». Beaucoup de livres et d'articles ayant été consacrés à ce triangle, il sera vu rapidement et surtout sous l'angle de son utilisation dans le cadre de la dépendance affective.

Ce triangle se présente ainsi :

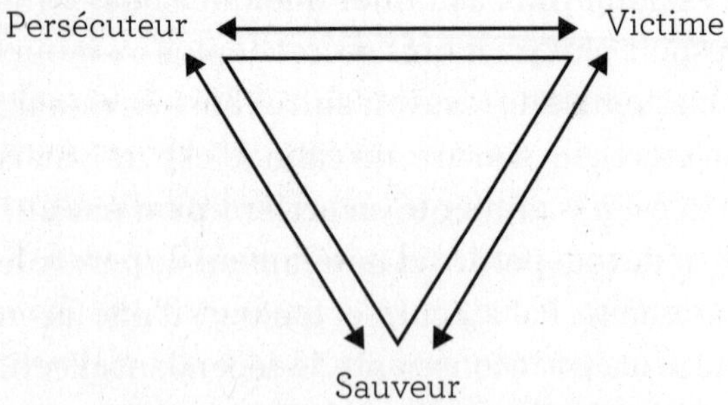

Il y a trois rôles qui interagissent pour créer la relation dramatique.

Notons au préalable que le mot « drame » n'a pas été choisi au hasard et illustre bien ce qui se trame. En effet, le drame est un genre théâtral dont l'intensité dramatique est palpable sans toutefois devenir tragique (des éléments comiques peuvent d'ailleurs être présents) même si la fin n'est pas nécessairement heureuse. Dans la tragédie, le personnage ne peut rien changer à son avenir, tout est écrit d'avance. En revanche, dans le drame, le personnage peut aussi vivre une situation dramatique, mais qui ne fait pas partie intégrante de sa vie. Cette situation peut donc être modifiée.

Ce cadre étant posé, voyons pourquoi ce triangle existe et qui en sont les acteurs. C'est une schématisation des différents rôles possibles (et de leurs interactions) dans une interaction déséquilibrée. Précisons tout de suite que les mots sont écrits avec une majuscule pour désigner un rôle de ce triangle. Quand une personne endosse l'un de ces rôles, elle entraîne l'autre à jouer un rôle complémentaire. Par exemple, si je joue la Victime, j'invite ou j'oblige mon interlocuteur à devenir mon Sauveur ou mon Persécuteur (parfois appelé « Bourreau »). Si je suis le Sauveur, j'entraîne l'autre à jouer le rôle de Victime. Mais s'il refuse et se rebiffe, je décide alors qu'il est mon Persécuteur et je deviens sa Victime.

Illustrons cela par un exemple simple : vous vous plaignez d'avoir été maltraité par votre conjoint lors d'une dispute (vous êtes Victime). Je suis là à vous écouter et à vous conseiller (je suis votre Sauveur). J'en viens à vous proposer de quitter votre conjoint. Vous n'êtes pas du tout d'accord et vous trouvez que je propose une solution stupide et totalement disproportionnée. Moi qui voulais vous aider, je trouve que vous exagérez et vous devenez ainsi mon Persécuteur. Je me situe dès lors comme votre Victime, et d'ailleurs je le souligne en gémissant : « Mais je voulais juste te rendre service... » Dans ce très court exemple, nous voyons que le triangle « tourne » vite et que chacun peut endosser plusieurs rôles, que l'interaction se joue entre deux personnes ou des millions de personnes. Ainsi, un problème quelconque menace la sécurité d'un pays. Ce problème (catastrophe climatique, par exemple, ou pays belliqueux) est le Bourreau et la population du pays la Victime. Elle fait appel à un leader qui va rétablir la sécurité. Ce leader est le Sauveur. Il rétablit les équilibres puis met en place un système très autoritaire pour maintenir la sécurité. Il risque de devenir Persécuteur. La population, jusque-là Victime, se rebiffe, fomente une révolution et renverse son dirigeant pour éviter cet autoritarisme. Elle est donc passée du rôle de Victime à celui de Persécuteur. Et ainsi de suite.

Les rôles qu'endosse le dépendant affectif

Même si nous avons depuis l'enfance un rôle préférentiel, nous pouvons endosser les trois rôles, car rien n'est figé, au contraire. En effet, la plupart d'entre nous sont programmés pour jouer les trois rôles. Nous en choisissons un, consciemment ou inconsciemment, selon les circonstances et notre état d'esprit du moment. Quand nous sommes en présence d'un de ces trois rôles, nous avons tendance à adopter inconsciemment un des deux autres rôles. Nous pouvons aussi passer d'un rôle à l'autre sans nous en rendre compte. Le changement de comportement d'un d'entre eux a toujours un impact sur les autres.

Examinons ces différents rôles plus en détail :

- **Victime :** c'est la personne qui subit l'agression du Persécuteur et attire donc le Sauveur désirant lui venir en aide. Ce rôle permet d'attirer l'attention sur soi. Son discours :

« Je suis irréprochable, mais je suis malheureux. Pauvre de moi ! Prenez-moi en pitié et aidez-moi. » La Victime se sent opprimée, impuissante et incapable de prendre des décisions et de résoudre ses problèmes.

- **Persécuteur :** c'est le méchant qui agit négativement vis-à-vis de la Victime, laquelle va adopter ou continuer à avoir cette position de Victime ou, au contraire, ne pas se laisser faire. Son discours : « Je suis droit. J'ai raison. Tout est de votre faute. » Il contrôle, blâme, critique, manifeste facilement de la colère, est autoritaire. Il peut être une personne, un groupe de personnes, une maladie, une addiction, etc., et donc un élément quelconque qui place la Victime dans cette position.
- **Sauveur :** il a un rôle très gratifiant, il aide et sauve la veuve et l'orphelin et, à ce titre, on le remercie et on l'admire. Il a une utilité considérable pour faire cesser ou diminuer les malfaisances et injustices. Son discours : « Je suis bon. Laissez-moi vous aider. » Toutefois, il peut (consciemment ou non) être plus sournois et placer la Victime en incapacité de résoudre ses problèmes. Parfois, il a même intérêt à ce que la Victime demeure Victime pour continuer à bénéficier

du côté gratifiant de son rôle. Il a besoin d'un Persécuteur pour justifier son existence et d'une Victime à sauver.

Attention ! Cela ne veut pas dire qu'il ne faut rien faire pour aider une personne en difficulté. Il convient de se positionner correctement : suis-je là pour la sauver ou pour l'aider ? La sauver implique que je fais à sa place et je la maintiens en dépendance. L'aider signifie que je lui propose mon assistance ponctuellement avec comme objectif de la rendre autonome une fois le problème réglé.

Certains privilégient donc un rôle donné, car il apporte l'illusion de certains avantages :

- le rôle de victime permet d'attirer l'attention des autres ;
- le rôle de persécuteur donne du pouvoir ;
- le rôle du sauveur donne une image positive de soi.

Et chacun de ces rôles peut être à l'origine d'une manipulation.

C'est ainsi que jouer un rôle peut servir à manipuler (consciemment ou non) l'autre :

- la Victime geint pour ne pas faire par elle-même et attend qu'on fasse à sa place (victimisation) ;
- le Sauveur peut infantiliser l'autre et le placer sous sa dépendance (dépendance qui peut être perverse). Il peut aussi donner dans l'espoir de recevoir en retour. C'est une attitude intéressée dans une stratégie de pouvoir et d'orgueil ;
- le Persécuteur peut asseoir sa domination sur l'autre et/ou faire naître de la culpabilité pour mieux tirer les ficelles.

À présent, comment se comporte le dépendant affectif selon le rôle qu'il endosse préférentiellement ?

- **Si le dépendant affectif est une Victime.** Il va amplifier ce qu'il vit et le formuler d'une telle manière que sa plainte attire l'attention et la compassion : « Je n'y arriverai jamais », « C'est trop difficile pour moi », « Je ne suis pas armé pour… », « C'est toujours sur moi que ça retombe », « Quoi que je fasse, il y a toujours un problème ». C'est sur ce registre-là que la Victime va s'exprimer. Il lui arrive d'ailleurs de formuler ses demandes indirectement, ce qui ne les rend pas toujours immédiatement compréhensibles et lui offre une occasion de plus de se plaindre. L'exemple classique de la plainte indirecte : si la Victime a froid dans une pièce, elle ne demandera pas si elle peut fermer la fenêtre, mais va émettre un gémissement plus ou moins agacé : « Qu'est-ce qu'il peut faire froid ici ! » Notons que s'il y a près d'elle un Sauveur, celui-ci fonce fermer la fenêtre, et s'il y a un Persécuteur, celui-ci déclare : « Mais non, la température est parfaite ! » ou encore : « Tu n'as qu'à mettre un pull. »

La Victime a souvent l'impression d'être dans le sacrifice. « Après tout ce que j'ai fait pour toi ! » est une phrase de Victime (très souvent d'ailleurs un ancien Sauveur qui n'a pas été remercié de son « dévouement »). Son pouvoir réside en fait dans sa capacité à culpabiliser, par exemple en faisant état de son mal-être afin que l'on prenne soin d'elle. Mais, comme nous l'avons vu, c'est une « arme » à manier avec délicatesse, car plus elle reproche à l'autre son manque d'attention, et plus cet autre risque de se sentir étouffé et donc d'accroître la distance qui lui est reprochée.

Ce qui augmente les difficultés, c'est lorsque les besoins de la Victime sont démesurés par rapport à ce que le partenaire peut offrir. Ses besoins ne pouvant pas être entièrement satisfaits, elle trouve un motif supplémentaire de se plaindre, etc. C'est le gros problème de la Victime : elle a souvent une part importante de responsabilité dans ce qui lui arrive, mais elle peut avoir énormément de difficultés à le reconnaître, voire ne pas y parvenir. Elle voit les choses essentiellement sous l'angle de ses propres besoins non satisfaits, alors qu'elle pourrait aussi s'interroger sur sa légitimité à demander de l'aide : est-il légitime que ce besoin soit ainsi satisfait ? Qu'ai-je fait pour qu'il le soit ? Est-ce à l'autre de le faire ? Mais ce sont là des interrogations qui lui sont étrangères. De nouveau, en tant que dépendant affectif, celui qui endosse le rôle de Victime ne perçoit la situation qu'à travers le prisme de son manque et vit dans la peur que le vide ne soit pas comblé. Comme il se perçoit en personne qui souffre et qui subit, il ne peut pas se considérer comme étant responsable de lui-même et de son bien-être.

LÉO
38 ANS

« Ma copine Emma est une victime permanente. Un exemple parmi plein d'autres. Il y a six mois, elle s'était rendue à l'hôpital. Rien de grave. À

16 heures, elle m'envoie un texto « Je viens de sortir. Tu viens me chercher ? » J'étais en réunion, je n'ai donc pas répondu tout de suite. Elle me relance trois minutes après, plus agressive. Je lui réponds que je suis en réunion de travail et qu'il y a une station de bus en face de l'hôpital. Peu importe, elle essaye de m'appeler. Je mets en silencieux et ne réponds pas. Nouveau texto : « Je pensais que tu serais venu. » Je prends le temps de lui répondre pour juste lui redire que je travaille. Nouveau texto : « C'est pas très gentil. Dis, tu m'aimes encore ? », et elle joint des émojis avec plein de larmes.

Évidemment, le soir, quand je suis rentré, elle s'est plainte. J'ai dû lui réexpliquer un peu plus sèchement que, quand j'anime une réunion de travail, je ne peux pas planter tout le monde comme ça, elle m'a alors demandé pardon quinze ou trente fois la voix tremblante et j'ai dû lui faire un câlin en lui disant et répétant que oui, je l'aime. C'est habituel chez elle de ne jamais se poser une seconde la question de savoir si sa demande est OK pour moi, si ça me dérange ou pas, et de ne pas réfléchir à comment elle pourrait se débrouiller seule. C'est toujours la pauvre petite chose qui a des problèmes. Et quand je m'agace, elle se transforme en petite fille avec des larmes au bord des yeux que je dois rassurer à n'en plus finir. Je pensais m'être mis en couple avec une femme. Je me retrouve avec une gamine immature et irresponsable. Elle a bon cœur, mais je ne peux pas compter sur elle pour quoi que ce soit. Je ne sais pas combien de temps on va tenir ensemble. »

- **Si le dépendant affectif est un Sauveur.** Il va agir pour soulager son partenaire qu'il voit comme une Victime, mais parfois de manière intrusive : on ne lui a rien demandé, mais il agit quand même. Dans une relation toxique, on voit tout de suite l'intérêt pour un pervers de se mettre en couple avec un dépendant « Sauveur » : il en obtiendra beaucoup, voire tout. Le Sauveur sauve, c'est-à-dire qu'il agit même s'il n'en a pas envie, sinon il se sent coupable.

  Sauver est réellement un besoin pour lui, il vole donc au secours de l'autre sans attendre que celui-ci ait exprimé une demande claire en ce sens. Le besoin de l'autre passe en premier, ses propres besoins, s'il en a conscience, étant mis de côté. Mais, ce faisant, le dépendant Sauveur attend en retour de recevoir reconnaissance et gratitude, et espère même secrètement passer pour indispensable, de telle sorte que son partenaire aura besoin de lui. Si ce dernier a vraiment besoin de lui, alors il ne le rejettera pas. La peur de l'abandon diminue nécessairement. Toutefois, le Sauveur qui agit alors qu'on ne lui a rien demandé, qui peut même infantiliser ou simplement donner l'impression de se mêler de ce qui ne le regarde pas, peut finir par agacer. Et s'il agace trop, on le remet à sa place. Du coup, le Sauveur désavoué devient Victime. C'est là que le « Après tout ce que j'ai fait pour toi ! » intervient.

Le Sauveur devenu Victime ne comprend pas – ou refuse de comprendre – que son comportement a créé la situation qu'il dénonce. L'autre refuse son aide ? L'autre lui adresse des reproches ? De toute façon, passé à une logique de Victime, le Sauveur rabroué va considérer que c'est l'autre qui a tort. Il voulait tellement bien faire... sans se demander si c'était adéquat, voulu ou utile. Mais, inconsciemment, s'il voulait tellement bien faire, c'était pour être considéré comme indispensable et donc pour ne pas être abandonné.

- **Si le dépendant affectif est un Persécuteur ?** L'interrogation est de mise, car le Persécuteur est avant tout une personne autoritaire qui ne cherche pas à séduire, mais à asséner sa vérité, et dont l'émotion dominante est la colère afin que son univers corresponde à ce qu'il en attend. Il a besoin de contrôler et de dire ce qui doit être, et ce, sans s'encombrer de diplomatie. Or, avec ce que nous avons vu jusqu'à présent sur le dépendant affectif, on le voit assez mal dans ce rôle.

En fait, le Persécuteur est presque toujours un ancien Sauveur. Et quand un Sauveur s'est fait rabrouer, nous avons vu qu'il peut soit se victimiser, soit opter pour le rôle du Persécuteur en se disant que « la coupe est pleine », qu'il a été trop longtemps un gentil Sauveur qui s'est oublié au profit de l'autre et qu'il y a une limite à ne pas franchir. C'est en réalité un Sauveur qui n'a pas obtenu le remerciement qu'il attendait ou pas de la manière dont il aurait aimé le recevoir. Le Persécuteur est donc un ancien Sauveur qui ne veut plus dissimuler son ressentiment et ne supporte plus de voir ses attentes insatisfaites. Il estime même que son nouveau rôle est totalement justifié, car, bien qu'ancien Sauveur, il vient de passer rapidement par un vécu de Victime ayant subi l'injustice de ne pas être remercié à la hauteur de ce qu'il a donné. En très peu de temps, il a endossé les trois rôles, cependant il est rare qu'il persévère dans ce dernier rôle, car il prend un risque : celui de voir cesser la relation. En fait, il n'a pas le profil de ce rôle ; il l'adopte par défaut et de manière ponctuelle, mais ne le tient pas dans la durée.

La croyance forte du dépendant affectif est : « L'autre peut me rendre heureux. » Et même davantage encore : « Seul l'autre peut me rendre heureux ! », qui peut aller jusqu'à se décliner en : « L'autre doit me rendre heureux. » Cette croyance est la conséquence d'une autre croyance : « Je suis incapable de me débrouiller seul ou de vivre seul », ou encore : « Seul, je ne suis capable de rien, je ne vaux rien. » De fait, le rôle de Persécuteur est difficile à tenir, sauf à obliger l'autre à satisfaire le besoin de présence, le besoin d'affection. Or, on ne peut obliger personne à nous aimer. C'est pour cela que le rôle de Persécuteur paraît plutôt un rôle passager, dû à un trop-plein émotionnel, qui se transforme rapidement en rôle de Victime, le but étant d'apitoyer et de recevoir de nouveau une protection. Dans une dépendance affective, la présence de l'autre est trop importante pour prendre le risque de la perdre. Aimer et être aimé n'est finalement plus la question. Le vrai problème est : la sécurité affective est-elle présente ou non ? Le vide affectif est-il rempli ou non ? L'autre n'est donc plus aimé pour ce qu'il est, mais pour ce qu'il peut apporter. Exprimé plus abruptement, on en arrive à considérer que le partenaire n'a pas à être un amoureux, mais un protecteur.

Consciemment ou non, quand le dépendant affectif établit une relation de jeu de rôle avec son partenaire, c'est pour créer avec lui une relation intense, car son besoin à satisfaire est toujours le même : calmer sa peur d'être abandonné et recevoir la dose d'affection dont il a constamment besoin. Il est un peu comme un drogué : après un « shoot » qui a pu lui donner satisfaction, le manque se réinstalle petit à petit et il a besoin d'une nouvelle dose, et cela ne finit jamais.

En conséquence, le dépendant affectif est un Persécuteur momentané, car ce rôle n'est pas fait pour lui et il ne peut pas le tenir dans la durée. Il faut donc que le triptyque du jeu de rôle tourne pour que l'ensemble de ces rôles soit redistribué. Par exemple, le dépendant affectif qui avait adopté une position de Sauveur prend soudain celle de Victime quand il estime qu'il en fait trop et n'est pas équitablement « remboursé » de son investissement. Puis il devient Persécuteur de son partenaire en lui reprochant de ne pas assez l'aider et de ne pas lui accorder assez d'attention. Ce dernier, qui était initialement Victime (un Sauveur génère une Victime) a du mal à accepter d'être ainsi critiqué et fait de la surenchère : il devient à son tour Persécuteur en reprochant au dépendant de râler, de toujours se plaindre, de n'être jamais satisfait et de lui faire la morale, etc. Le dépendant affectif pourrait crier plus fort et chercher à persécuter son Persécuteur. Mais ce n'est pas dans sa nature ni d'ailleurs dans son intérêt. Pour cette raison, il ne reste pas Persécuteur et redevient Victime, ce qui lui va mieux et lui apporte plus d'avantages. Cela illustre que, quand nous sommes en présence d'un de ces trois rôles, nous avons tendance à adopter inconsciemment un des deux autres rôles, mais pouvons aussi passer de l'un à l'autre sans nous en rendre compte.

Notons toutefois que si le dépendant est devenu Persécuteur, c'est non seulement parce qu'il n'a eu aucun signe de reconnaissance (ou insuffisamment selon lui), mais aussi parce qu'il se dit : « L'autre n'a pas (ou n'a plus) besoin de moi et donc je ne sers à rien. Si je ne sers à rien, je ne vaux rien. » Face à ce vide qui, au lieu d'être comblé, s'est douloureusement agrandi, que reste-t-il ? Le risque dépressif n'est alors pas loin sauf à contre-attaquer pour essayer d'obtenir son dû. Il y a aussi la possibilité de se mettre en quête d'un partenaire en détresse pour jouer au Sauveur ou d'un partenaire gentil Sauveur pour se blottir dans ses bras en tant que Victime.

On peut en effet envisager que le dépendant affectif, ne pouvant demeurer Persécuteur mais n'obtenant définitivement pas ce qu'il désire en étant soit Sauveur soit Victime, décide alors de se jeter dans les bras d'une autre personne où il pourra jouer efficacement un rôle qui lui convient. Efficacement, c'est-à-dire que ce nouveau partenaire lui offrira au moins au début le réconfort, l'attention et l'affection qu'il réclame. Cela signifie qu'il aura pris la décision de mettre fin à la relation. C'est envisageable si, en parallèle, il a pu commencer une deuxième liaison lui permettant ainsi de passer de l'une à l'autre sans « temps mort ». L'immaturité affective du dépendant est une réalité. Au demeurant, c'est là le septième symptôme répertorié dans l'analyse du « Trouble de la personnalité dépendante » par le DSM-IV : « Lorsqu'une relation proche se termine, il cherche de manière urgente une autre relation qui puisse assurer les soins et le soutien dont il a besoin. »

Le dépendant affectif peut aussi opter pour une autre voie : ayant pris acte de ce qu'il vit, ayant constaté l'aspect chaotique et non satisfaisant de ses relations amoureuses, il peut alors décider de chercher le moyen de s'en sortir. C'est ce que nous allons aborder à présent.

Chapitre 3

Retrouver sa liberté

CROYANCES ET COMPORTEMENTS

Prendre conscience de ce qui se joue

La difficulté du dépendant affectif et ce pour quoi il s'enferme dans un scénario perdant, c'est son problème à deux composantes dont chacune renforce l'autre : sa peur d'être abandonné et son manque d'estime de soi. Tout cela dépend des croyances qu'il a sur lui-même. Chaque fois qu'il dit, par exemple, « Je ne vaux rien », il renforce le problème, le fait perdurer et s'empêche de sortir de l'impasse qu'il s'est créée. Il lui faut donc modifier ce qu'il croit de lui.

Ce changement de regard porté sur lui-même ne peut se faire que si, préalablement, il y a eu prise de conscience que quelque chose décidément ne fonctionne pas, et ce, de manière récurrente. Il y a une répétition de scénarios d'échec. Accuser l'autre au premier échec, pourquoi pas ? L'accuser au deuxième échec, c'est encore de l'ordre du possible. Mais à partir du troisième échec, il importe de s'interroger sur ce que l'on met en œuvre et sur ses propres comportements. Dans la vie, l'échec ne fait évoluer que si l'on accepte d'en assumer sa part de responsabilité. C'est là qu'intervient la prise de conscience que quelque chose est dysfonctionnel.

Hélas, certaines personnes persévèrent dans le déni et continuent, échec après échec, à toujours accuser autrui. Il est effectivement plus simple et beaucoup plus confortable d'accuser les autres que d'interroger ses propres incapacités ou déficiences. Le dépendant affectif n'a pas une manière d'aimer supérieure à toute autre. Lorsque l'on est très demandeur, lorsque l'on estime ne recevoir jamais assez, il ne faut peut-être pas s'étonner que celui qui donne finisse, à un moment donné, par se lasser. C'est être de mauvaise foi que de critiquer celui qui ne peut pas satisfaire des demandes et des attentes excessives, et encore plus de le rendre seul responsable de ce que l'on vit, de l'échec de la relation et du malheur ressenti ou vécu. Mais certains s'enferment dans ce mode de pensée et, quel que soit le partenaire, ne remettent jamais en question leur propre comportement. Or, il est tout à fait possible de se conforter dans de telles croyances et de passer toute une vie ainsi, avec, à la fin, la triste constatation que toute relation amoureuse a été une erreur et une souffrance. C'est là prendre le risque de s'enliser dans une misanthropie cynique et douloureuse.

La prise de conscience est donc nécessaire. Elle implique un travail qui, pour être réellement efficace, devra se faire avec un thérapeute. Ce dernier pourra permettre la prise de recul nécessaire ainsi que de saisir la répétitivité dans l'échec. Il est relativement difficile d'opérer seul cette distanciation par rapport à soi-même, car on a l'impression que, s'agissant de partenaires différents, ce qui est initié et vécu est chaque fois différent. Or, on peut répéter les mêmes schémas, dérouler les mêmes processus sans s'en rendre compte, les quelques variantes apportées ne modifiant pas en profondeur le déroulé principal. C'est là que le thérapeute apporte une contribution significative, car la distanciation va mettre au jour des similitudes de comportements, d'attitudes, de situations, qui montrent bien qu'il y a à chaque fois une répétition inconsciente d'un scénario d'échec préétabli.

L'une des croyances du dépendant affectif est que les besoins des autres sont plus importants que les siens, ce pour quoi il cherche constamment à satisfaire le bonheur de son partenaire et en vient à négliger le sien propre, voire à considérer que son bonheur dépend totalement de celui de son partenaire, l'un n'existant que si l'autre existe aussi. On voit donc que sa croyance initiale, « Les besoins des autres sont plus importants que les miens », engendre un ensemble de comportements spécifiques : ce qui est fait doit être en concordance avec ce qui est cru. D'une telle attitude doit donc découler un minimum de reconnaissance et/ou de remerciements. Au début de la relation, ceux-ci sont donnés. La croyance de base n'en est que renforcée, puisqu'elle se confirme. Le dépendant est en outre assuré qu'il agit conformément à ce que l'on attend de lui. En parallèle, la croyance sous-jacente que ses besoins sont de moindre importance, ou même sans importance, se consolide également, et lesdits besoins sont mis de côté, voire niés. Il y a d'ailleurs là un avantage : calmer la peur d'être rejeté.

Un fonctionnement qui devient… dysfonctionnel

On voit que tout cela fonctionne très simplement : une croyance engendre un comportement qui reçoit une confirmation et assure donc la justesse de cette croyance. De manière encore plus simplifiée : telle action entraîne telle réaction. C'est donc que l'action est juste et bonne, puisqu'elle découle de ce que l'on croit juste et bon. La croyance s'autoconfirme. Quand ce schéma a été répété un certain nombre de fois, il s'inscrit comme une conviction quasi indéracinable.

Or, arrive un jour où le dépendant affectif ne reçoit plus (de façon progressive ou non) la récompense qu'il est censé recevoir, et même qu'il estime devoir recevoir. Qu'à cela ne tienne, il va en « remettre une couche » jusqu'à obtenir ce qu'il attend. Comme cela a été vu précédemment, des jeux de Sauveur/Victime ainsi que de « Fuis-moi je te suis, suis-moi je te fuis » peuvent vite se mettre en place. Quelque chose de dysfonctionnel s'instaure alors progressivement : la peur d'être rejeté, couplée à la certitude que la croyance de base est vraie, crée une surenchère qui épuise mais ne donne plus les mêmes résultats. Cela explique en partie pourquoi c'est l'autre qui a tort : en effet, dans l'esprit du dépendant affectif, la croyance est vraie, donc, si le partenaire n'offre plus de récompense, c'est que c'est un ingrat, pour ne pas dire plus.

La croyance de base n'est pas remise en cause puisqu'elle est vraie : toutes les confirmations antérieures en attestent. En revanche, de nouvelles croyances vont voir le jour. Par exemple : « Si je n'obtiens plus ce que j'avais autrefois, c'est que c'est un ingrat. Il risque de me renvoyer. Je dois donc en faire plus pour qu'il me garde. » Ou encore : « Si je n'obtiens plus ce que j'avais autrefois, c'est que je m'y prends mal. Si je m'y prends mal, c'est que je suis nul. Je ne suis donc pas digne d'être aimé. Peut-être qu'en en faisant encore plus, je vais regagner son estime. » Le dépendant affectif ne tient pas un dialogue interne aussi net, mais c'est bien là le sens général. On voit d'ailleurs à quel point la cohabitation avec un pervers tourne rapidement à une mise en esclavage ; tous les leviers sont là, il suffit de les actionner.

On voit en outre combien est nécessaire le rôle du thérapeute pour débusquer ces croyances et leur ôter de leur puissance, puisqu'elles engendrent un cercle vicieux infernal dont il n'est possible de se libérer que si :

- la dépendance affective a été conscientisée ;
- les croyances limitantes ont été débusquées, questionnées et remises en cause.

Le travail nécessaire va être de remettre en question ce critère de vérité que le dépendant a agrafé à sa croyance pour lui substituer celui de l'utilité :

- Cette croyance est-elle utile ?
- Apporte-t-elle toujours ce que l'on désire ?
- Contribue-t-elle réellement et constamment au bonheur ? Etc.

En gros, il s'agit de lui enlever son caractère « limitant », qui, dans le cas présent, est plus que limitant puisque cela peut être carrément destructeur.

Déconstruire pour rebâtir

Le fait de conscientiser la dépendance constitue donc une étape déterminante. Il en est de même pour les croyances, et les deux vont de pair. Des croyances, nous en avons tous, sur nous, sur les autres, sur le monde en général, et c'est ce qui nous permet d'ordonnancer notre vision de nous-mêmes et de notre environnement. Le dépendant affectif n'y échappe évidemment pas ! Il en a cependant beaucoup qui le desservent. Nous venons de voir la croyance « Les besoins des autres sont plus importants que les miens ». Il va falloir ensuite s'attaquer à « Je ne vaux rien », « Je ne suis pas digne d'être aimé », « Je dois m'adapter à l'autre », « Je n'ai pas à affirmer mes envies », « Penser à soi, c'est être égoïste », « Je suis responsable du bonheur de l'autre », etc.

C'est long, et parfois difficile, mais c'est nécessaire. Une croyance ne se déconstruit pas en un claquement de doigts : il y a sa construction intellectuelle, mais il y a aussi sa dimension émotionnelle, et tout ce à quoi elle renvoie et, entre autres, au fait qu'elle a été vraie, vérifiée et confirmée dans certaines situations à un certain moment. Considérer qu'à présent, ce n'est pas aussi vrai que ce que l'on a intimement et profondément cru, c'est remettre en question un mode de pensée et donc les actions qui en ont découlé. Remettre en question suppose de reconnaître que l'on a pu se tromper sans que cela n'induise que l'on est stupide ! Cela demande du temps et un accompagnement qualitatif, structuré et basé sur la confiance.

À titre d'illustration, voici un problème fréquemment rencontré avec un dépendant affectif : il veut aimer pour deux. Même dans une relation insatisfaisante et qui ne lui apporte pas la joie qu'il peut en attendre, pire qui la détruit petit à petit, la personne dépendante reste accrochée à une croyance : « La relation est possible, car je vais aimer pour deux et l'autre finira bien par m'aimer. » Cette croyance est totalement fausse et crée parfois des ravages, mais la personne dépendante est convaincue d'avoir raison. Convaincue ? Bien souvent, elle veut s'en convaincre, car elle admet que si sa croyance est fausse, alors son attitude sacrificielle ne sert strictement à rien, et elle risque de tout perdre. Du coup, n'importe quel petit indice d'attention est bon à prendre, et aussi superficiel soit-il, cet indice est conservé et gonflé car il peut prouver que la relation va mieux et que le schéma de croyance est juste. C'est donc un travail patient que de déconstruire peu à peu cette croyance, déconstruction d'autant plus délicate qu'elle sert de garde-fou par rapport à la peur de voir cesser la relation.

En effet, la peur de l'abandon est toujours présente, un peu comme si le dépendant roulait au bord d'un précipice. Son discours pourrait ressembler à cela : « OK, je veux bien admettre que ma croyance n'est pas vraie et me dessert, mais si je l'abandonne, je risque de chuter totalement et définitivement. » Il y a donc tout un travail de rééquilibrage à opérer et, surtout, une nécessité de rétablir une estime de soi qui s'est effondrée.

Remettre de l'équilibre dans une relation, c'est aussi faire la part des choses entre ce que l'on donne et ce que l'on reçoit. Bien sûr, certains s'offusqueront : « En amour, on ne donne pas pour recevoir ! » C'est vrai ! Pour être plus précis, disons que c'est vrai jusqu'à un certain point. Envisageons deux cas de figure en prenant comme hypothèse, pour illustrer le propos, que vous êtes dépendant affectif :

- Vous donnez, vous donnez... du temps, de l'attention, de l'écoute, de l'énergie, des biens matériels, de l'amour, etc. Et en échange, vous recevez... un peu, si peu, tellement peu, trop peu. De votre point de vue en tout cas. Par exemple : c'est toujours vous qui effectuez l'intégralité des tâches ménagères. Le jour où vous demandez de l'aide, l'autre ne sait pas faire ou n'a pas le temps. Ou bien, vous prêtez toujours une oreille attentive et compatissante aux récits des difficultés de votre partenaire. Le jour où vous voulez confier quelque chose qui vous peine, l'autre vous répond que ce n'est pas grave et que vous faites toute une histoire de pas grand-chose, ou bien il vous interrompt rapidement pour vous expliquer ce que vous devriez faire. Dans le premier cas, il minimise ou même nie (parfois dévalorise ou ridiculise) ce que vous ressentez. Dans le second cas, il ne vous écoute pas et prend la position du sachant qui vous explique ce que vous devriez faire, vous mettant donc au niveau de la personne qui ne sait pas ou ne sait rien. Il existe encore d'autres attitudes de non-écoute, mais, déjà, face à ces situations-là, vous pouvez vous interroger : n'êtes-vous pas avec une personne avare ? Ou égoïste ? Ou profiteuse ? Ne donnez-vous pas trop, compte tenu du très peu que vous recevez en échange ?

C'est là que peuvent se télescoper deux de vos croyances : « Je suis responsable du bonheur de l'autre » couplé à « En amour, on ne donne pas pour recevoir ». Modifier ces croyances est une étape indispensable pour retrouver un équilibre sain. Et si cet équilibre ne peut pas être trouvé, c'est peut-être que la relation ne mérite pas d'être poursuivie. Vouloir le bonheur et le payer en tristesse et en rancune mérite que l'on s'arrête et prenne le temps de vraiment s'interroger sur ce que l'on veut, pourquoi on le veut et comment on le veut.

- Vous donnez, vous donnez, vous donnez et... l'autre ne sait plus quoi faire de tout cela. C'est trop, vous le débordez, vous l'étouffez et il se retrouve non seulement incapable de rendre ce qu'il a reçu, mais aussi désemparé car submergé, ou carrément exaspéré car encombré par ce surplus qui envahit tout. Il risque fort de ne pas vous remercier, et même de vous envoyer « paître ». Vous n'avez pas fait naître chez lui du plaisir ou de la satisfaction, mais de l'agacement ou de la colère. Trop, c'est trop ! Il ne risque donc pas de vous être reconnaissant ni même de vous remercier. L'autre peut ainsi se sentir « acheté » ou mis face à une dette impossible à rembourser...

Les jeux Sauveur/Victime/Persécuteur vont se remettre en route à toute vitesse. En tant que dépendant affectif qui avez œuvré avec votre cœur et la certitude de faire ce qui est juste et bien, vous vous retrouvez dans un rôle de Victime durement rabrouée. Il se peut d'ailleurs que si ce mode de fonctionnement vous est fréquent, l'autre n'en puisse plus et décide un jour de cesser la relation. Vous estimant Victime malheureuse d'une profonde injustice, vous ne comprenez pas et vous lamentez : « Et pourtant, je lui ai tout donné ! » C'est bien là le problème : ce « Tout » est en trop et ce n'est pas ainsi que l'équilibre peut être trouvé.

Nous pourrions aussi prendre un autre cas de figure : vous donnez X et vous attendez X^2 ou même parfois X^{10}. Vous avez là une attente irréaliste car démesurée. En effet, vous décidez de ce que doit être le comportement de l'autre. Or, vous n'êtes pas cet autre, et son comportement ne dépend pas de vous mais de lui seul. La déception sera immanquablement au rendez-vous. Encore une fois, dans toutes ces situations, les croyances initiales et les peurs qui les entourent ont créé des comportements inverses à ceux escomptés. De fait, cela renforce les peurs et détruit un peu plus l'estime de soi. C'est dire si ce travail sur la prise de conscience et sur les croyances dites « limitantes » est absolument capital !

APPRIVOISER SES PEURS ET S'ESTIMER

Identifier ses peurs

En fait, à bien y réfléchir, il y a une première grosse croyance à déconstruire : « Mieux vaut être mal accompagné que seul. » Cette croyance est fondée sur des peurs diverses et présente l'inconvénient majeur de justifier une position inconfortable, si ce n'est négative ou même destructrice.

Concrètement, on peut considérer que le dépendant affectif vit avec trois peurs principales :

- la peur du regard de l'autre ;
- la peur du vide (peur de la solitude) ;
- la peur de l'abandon* (peur de perdre l'autre, d'être abandonné).

---

* Voir la note 2 p. 61.

Toutes ces peurs renvoient les unes aux autres. Commençons par la peur du regard de l'autre. Elle agit en intime collaboration avec les autres et influe négativement sur l'estime de soi. Cette peur affecte grandement le dépendant affectif, car il se retrouve coincé dans son besoin de reconnaissance. Cette peur crée une attente : que l'autre nous dise quelle est notre valeur et qu'il la détermine. Cela entraîne deux conséquences :

- se conformer au maximum à ce que l'autre attend et, plus souvent encore, à ce que l'on suppose que l'autre attend. À partir de là, que devient notre identité propre ? Nous perdons contact avec nous-mêmes pour nous identifier soit au désir de l'autre, soit à ce que nous croyons qu'il désire ;
- perdre son estime de soi, puisque l'on remet entre les mains d'autrui le pouvoir immense de décider de ce que nous valons.

Quand notre estime de soi est entièrement dépendante du regard que l'autre porte sur nous, nous nous retrouvons forcément en totale dépendance affective, puisque nous n'existons que par l'autre, qu'en fonction de ce qu'il pense de nous. Nous lui donnons le pouvoir de nous définir.

Il est tout à fait normal de vouloir plaire à son partenaire et de s'en inquiéter : est-ce que je lui plais ? Un peu ? Beaucoup ? Passionnément ? On peut rectifier à la marge un ou deux comportements afin de le satisfaire au mieux, en témoignage de l'amour qu'on lui porte... et puis c'est tout ! Pour le reste, c'est votre personnalité qui doit jouer. Et comme toute personne sur cette planète, vous avez vos qualités et vos défauts. Si l'autre ne voit en vous que des défauts, posez-vous sérieusement la question de savoir si ça vaut le coup de rester avec cette personne. Prenez le temps de vous demander et peut-être surtout de lui demander : qu'est-ce qu'elle aime en vous ? Si la somme de ce qu'elle n'aime pas chez vous est supérieure à ce qu'elle apprécie, il est peut-être temps pour vous d'aller voir ailleurs. Oui, bien sûr, si vous êtes dépendant affectif, aller voir ailleurs revient à prendre le risque d'être seul. Il va donc falloir questionner sérieusement cette peur d'être seul.

Certes, cela vous terrorise. Cependant interroger votre partenaire de façon à obtenir des réponses concrètes, même si celles-ci ne vous satisfont pas, est beaucoup plus sain. Le risque, en revanche, est de vous retrouver face à une montagne de suppositions qui font naître en vous mille possibilités au sujet desquelles vous restez sans réponse. Une réponse difficile à recevoir émotionnellement est généralement bien plus facile à gérer qu'une multitude d'hypothèses où l'imagination s'emballe sans jamais savoir sur quoi s'appuyer. Le cas échéant, et pour gérer au mieux ce qui vous sera dit, assurez-vous de pouvoir compter sur le soutien de quelqu'un qui vous est proche ou sur l'accompagnement d'un thérapeute.

Réparer son estime de soi

Il est donc important de réparer son estime de soi. À la base, il y a un problème avec l'amour de soi. C'est quoi l'amour de soi ? C'est la façon dont nous nous percevons nous-mêmes. Une capacité à s'apprécier et à poser sur soi un regard plutôt bienveillant, qui n'exagère pas les qualités, mais qui ne se polarise pas non plus sur les insuffisances. Il arrive bien souvent que différentes carences affectives du passé aient malmené l'amour de soi, ce qui a entraîné une mauvaise estime de soi.

Comme nous l'avons vu, l'estime de soi, c'est la valeur que l'on s'octroie : « Est-ce que je vaux quelque chose ? » Elle se nourrit d'une part de ce que l'autre pense de nous et d'autre part de ce que nous sommes capables de réaliser. Ces réalisations déterminent la confiance en soi : « De quoi suis-je capable ? » On voit tout de suite la corrélation très étroite entre estime de soi et confiance en soi : si je m'accorde de la valeur, je suis plus enclin à m'autoriser à faire quelque chose. Réciproquement, quand je réalise quelque chose et que je réussis, j'en viens à m'estimer davantage. Il est parfois considéré que l'installation de la confiance en soi précède celle de l'estime de soi, c'est-à-dire que, progressivement, on porte un regard plus bienveillant sur ce que l'on est plutôt que sur ce que l'on fait. Cela signifie que ce que l'on fait et que l'on fait bien, et qui donc se solde par une réussite, contribue grandement à accroître l'estime de soi. Oui, en règle générale, l'estime de soi dépend de la confiance en soi, mais pas nécessairement. Il existe aussi des situations où ce que l'on pense de soi facilite la réalisation de ce que l'on veut faire et contribue à sa réussite. Les deux s'alimentent l'une l'autre.

Ce qui est sûr, c'est que quand on souffre de dépendance affective, on a une estime de soi faible ou fragile qui est alimentée par toutes les croyances négatives que l'on entretient à propos de soi. Si donc on remet à l'autre le pouvoir de décider de ce que l'on vaut, et que cet autre n'est pas bienveillant, la relation de dépendance affective ne peut mathématiquement que détruire l'estime de soi. Le vrai problème est bien cette « dépendance » qui empêche d'évoluer en autonomie.

Si nous reprenons les trois rôles de Victime, Sauveur et Persécuteur, il apparaît que l'autonomie n'est pas possible puisque chacun de ces rôles a besoin d'au moins un partenaire pour exister : la Victime est impuissante, elle est martyrisée par un Persécuteur et attend d'être secourue par un Sauveur ; le Sauveur a besoin d'un Persécuteur à combattre et d'une Victime à sauver ; et le Persécuteur a besoin d'un Sauveur à écarter afin de pouvoir continuer à dominer une Victime dont il a besoin pour exister. Le rôle clé est celui de la Victime : si on l'enlève, tout s'effondre et tout s'arrête. Sans Victime, on voit que le Sauveur et le Persécuteur se retrouvent sans emploi.

Dès lors que la Victime restaure son estime de soi, elle réapprend petit à petit l'autonomie et n'a plus besoin d'être sauvée tout en échappant à une persécution. Ainsi, elle ne dépend plus de quelqu'un pour agir. Dans certaines situations, si elle ne sait pas faire, elle demandera de l'aide. Mais demander de l'aide ne signifie nullement que l'on se met en dépendance d'autrui : on est clair sur ce que l'on veut, sur les moyens de l'obtenir et sur les limites pour l'obtenir. En outre, une demande d'aide est ponctuelle et non une quête permanente... La dépendance, au contraire, c'est croire que l'on ne peut rien seul, que l'on ne sait rien et que tout dépend de l'autre. Nous voyons bien que restaurer sa confiance en soi passe par tout un travail sur les croyances que l'on entretient vis-à-vis de soi-même et que c'est tour à tour cause et conséquence d'une restauration de l'estime de soi.

Développer une saine confiance en soi

Comment développer cette confiance en soi ? Tout un livre pourrait être écrit sur ce thème. Voyons-en les grandes lignes de manière simple, étant précisé une fois de plus que c'est là un travail qui s'effectue aussi en thérapie.

- **Apprendre à s'apprécier avec ses qualités et ses défauts**, avec son passé et les choix qui ont été faits. Cela implique de répertorier un certain nombre d'actes qui ont été posés. Puis, la mémoire étant sélective et déformante, essayer de raconter ces actes le plus objectivement possible (où ? quoi ? quand ? comment ?) et de voir où l'on se situe par rapport à eux.

- **Modifier son discours intérieur.** Il ne s'agit pas de se répéter en boucle des affirmations positives qui ne sont pas étayées par des faits. C'est totalement inutile et contre-productif. Il s'agit de réaliser qu'en cas de faible confiance en soi, par une sorte de dissonance cognitive, on peut occulter ou minimiser ce qui a été réalisé. Il convient donc de cesser d'exacerber les défauts et d'oublier les qualités. Par ailleurs, on n'a pas de manque de confiance en soi dans tous les domaines et à chaque instant.

Il s'agit donc aussi de répertorier concrètement et factuellement :

→ toutes les situations où la confiance en soi existe réellement ;

→ toutes les situations où la réussite a été au rendez-vous.

On réévalue ainsi la perception que l'on a de soi en jetant un autre regard sur ses échecs passés. On demande à un historien de ne pas juger un événement qui remonte à plusieurs siècles avec son éthique et sa mentalité d'aujourd'hui, sinon tout est biaisé. De la même manière, il nous faut d'abord bien comprendre ce point capital :

→ quand nous faisons quelque chose, nous faisons ce que nous estimons être le mieux au moment même où nous le faisons, compte tenu de nos connaissances, de nos émotions, du contexte et du résultat prévisible que nous imaginons et espérons. Sinon, nous aurions agi différemment ;

→ quand nous nous reprochons ce que nous avons fait, nous ne sommes plus dans le même contexte avec les mêmes connaissances, les mêmes émotions, en outre, nous connaissons à présent les conséquences de ce que nous avons fait.

- **Une fois ôtée cette culpabilisation inutile, s'interroger :**

→ qu'est-ce que j'ai appris de cette erreur (en positif et/ou en négatif) ?

→ désormais, dans une situation identique, qu'est-ce que je ferais autrement, comment et pour quelle raison ?

Quand vous vous rappelez une relation où vous avez été un dépendant affectif et que vous vous le reprochez, que vous vous en voulez d'avoir été ce que vous avez été, commencez par résumer cet épisode de façon synthétique. Ensuite, imaginez que c'est votre meilleur ami qui vous raconte un épisode de sa vie. Que lui diriez-vous pour l'apaiser, le rassurer, pour lui remonter le moral, pour lui redonner confiance ?

Effectuez cet exercice seul ou avec quelqu'un, mais faites-le à haute voix. Le fait de se décentrer (l'histoire racontée n'est plus la vôtre, mais celle de votre meilleur ami) et de verbaliser à haute voix facilite grandement la déculpabilisation, même si cela ne règle pas tout. Quand on n'a pas confiance en soi, on s'en veut de n'avoir pas fait ce que l'on estime qu'on aurait dû faire (ou, réciproquement, d'avoir fait ce qu'on n'aurait pas dû faire). Bref, culpabilisation, ressentiment, rancœur, etc. sont un frein à la confiance en soi. Autant enlever ces freins ou, au moins, commencer à les desserrer.

Il existe autour de vous, dans votre environnement familial, social, amical, professionnel des personnes dont on peut supposer que leur mode d'attachement est du type « sécure ». Pour les identifier, prenez les personnes qui sont bienveillantes, qui vous paraissent équilibrées, dont le mode de vie et le système relationnel vous semblent sains et respectueux, et qui témoignent d'une ouverture aux autres et au monde. Fréquentez-les, accomplissez avec elles des activités, changez une grande partie de vos relations, mettez-y de la joie.

La mauvaise estime de soi fait que nous nous accordons peu de valeur, ce qui a souvent pour conséquence que nous nous entourons de personnes qui ne nous correspondent pas. Il faut cesser de croire qu'elles nous font un « cadeau » lorsqu'elles passent du temps avec nous, et cesser d'accepter qu'elles soient dénigrantes, vexantes, blessantes, maltraitantes. C'est un apprentissage. Allez-y à votre rythme. Petit à petit, vous augmenterez votre capital de confiance en vous. De manière sans doute infime au début, mais dites-vous que c'est toujours mieux que rien du tout.

Plus vous fréquentez des personnes à attachement « sécure » (si on peut prendre la liberté de les dénommer ainsi), moins vous aurez de temps à passer dans des relations toxiques ou dysfonctionnelles. Si c'est votre vie de couple qui est toxique, rencontrer des personnes saines vous aidera à vous éloigner de cette dépendance malsaine. Ça ne fera pas tout, c'est évident, mais vous aurez ainsi un panel plus large de gens sur qui compter. Ces présences permettent de diminuer l'une des grandes peurs du dépendant affectif : la solitude.

Un dernier point sur cette restauration de soi, point qui est loin d'être négligeable : prendre soin de son corps. Eh oui, nous ne sommes nullement des purs esprits, nous avons aussi un corps, et si nous voulons nous accepter, nous apprécier, renouer avec nous-mêmes et retrouver notre estime de soi, il est essentiel de ne pas oublier cette partie essentielle de nous. Que faire ? En fait, à chacun de trouver ce qui lui convient le mieux pour se réapproprier une enveloppe corporelle très souvent négligée. À titre d'illustration, citons bien évidemment le sport ou, *a minima*, une activité physique. Sauf problème médical spécifique, la pratique d'un sport ne peut être que bénéfique tant sur le plan physique que mental : développement de la volonté, capacité à fournir des efforts, plaisir de voir progressivement sa silhouette se modifier, sentiment de bien-être, etc. Le sport muscle aussi certaines qualités : discipline, courage, persévérance, réalisation des objectifs fixés, dépassement de soi, sans compter les qualités humaines en lien avec les sports collectifs. Cela va souvent de pair avec un rééquilibrage nutritionnel pour s'apporter ce dont on a besoin et y trouver du plaisir, tout en fuyant ce cancer que représente ce que l'on appelle la malbouffe, hypercalorique et pourtant dépourvue des nutriments essentiels (et agrémentée d'additifs et de pesticides en tous genres).

Ajoutons à cela des activités artistiques qui permettent la créativité tout en satisfaisant la dimension esthétique : la pratique théâtrale qui favorise l'affirmation de soi ; la danse où le rapport au corps est déterminant ; le chant également, seul ou en chorale ; mais aussi les massages, qui ont une efficacité considérable pour renouer avec son propre corps et ses sensations très diverses, pratique souvent méconnue ou rejetée par ignorance ; des exercices de relaxation, ou parfois dénommés ainsi, dont le continent asiatique (mais pas que lui) offre une large gamme (reiki, qi gong, hatha yoga, tai-chi-chuan...). À chacun donc de déterminer ce qui lui correspond le mieux, mais effectuer un travail thérapeutique, un travail sur les croyances, sur l'estime de soi, etc. serait tout à fait incomplet si la dimension physique, et strictement corporelle, n'était pas évoquée et mise en application.

MATURITÉ AFFECTIVE ET AMOUR AUTHENTIQUE

Des apprentissages

« Que vont dire les autres ? », « Que va-t-il penser de moi ? », « Est-ce que je vais encore lui plaire ? » Ces questions angoissées traduisent que l'on n'a pas confiance en soi et que l'on n'a guère d'estime pour soi. Des questions qui reflètent en fait que l'on a peur du regard que l'autre porte sur soi comme s'il détenait la vérité absolue, comme si notre sort était en permanence entre ses mains. Être apprécié, aimé et choisi, c'est forcément risquer d'être critiqué, désavoué et quitté. Cependant, une relation amoureuse, c'est quelque chose qui se bâtit à deux. Ce n'est pas un « système » où l'un agit en fonction uniquement des désirs de l'autre. Si on ne plaît pas à qui nous critique en permanence, c'est très probablement que l'on s'est fourvoyé dans une relation qui n'est pas faite pour nous. Ce n'est pas parce que l'on quitte une relation toxique que l'on finira sa vie dans une triste et amère solitude.

C'est l'un des apprentissages les plus difficiles, mais aussi le plus essentiel qu'un dépendant affectif doit effectuer : on ne pourra jamais plaire à une personne qui critique en permanence ce que l'on est et ce que l'on fait. On pourrait changer tout ce que l'on est (si cela était possible), la seule chose que l'on obtiendrait, c'est de se détruire. L'estime que l'autre nous accorde n'est pas une sorte de grâce que l'on doit quémander et ne passe pas par une mise au rebut de notre personnalité. Vous-même, auriez-vous de l'estime ou éprouveriez-vous de l'amour pour une personne qui abdique sa dignité, qui ne se respecte pas et est prête à ramper pour obtenir un sourire de votre part ? Que penseriez-vous d'une personne qui vous regarderait constamment avec un air de chien battu ? Votre premier réflexe serait très probablement de lui tendre la main pour l'aider à se redresser, à se mettre debout, à vous regarder droit dans les yeux et à s'affirmer en tant que personne. On ne peut pas éprouver d'amour pour quelqu'un qui se positionne volontairement comme esclave.

Selon que l'on est pervers ou non, on éprouve mépris ou compassion, mais pas de l'amour.

Apprendre donc à cesser d'obéir aux injonctions de l'autre, mais aussi apprendre à ne plus être dans la terreur d'un regard jugeant, voilà le premier indispensable. Apprendre à ne pas donner à l'autre un tel pouvoir, c'est retrouver sa dignité et reprendre en main le cours de sa vie. Nul ne peut décider de ce que vous devez être et de ce que vous avez à faire. Vous aider ou vous conseiller, oui, mais c'est à vous et vous seul qu'il appartient de mettre cela en œuvre ou non, ou de manière différente.

Qu'est-ce que la maturité affective ? Elle peut se définir très simplement comme la capacité à savoir s'accepter et accepter les autres tels qu'ils sont. À s'en tenir à cette courte définition, nous voyons que la dépendance affective va à l'encontre de la maturité. Pour le dépendant qui ne sait pas s'aimer lui-même et a du mal à s'accepter tel qu'il est, ce qui l'amène à chercher dans le regard d'autrui la confirmation (ou l'infirmation) de sa valeur. Pour son partenaire également – dans le cadre d'une relation toxique –, quand celui-ci n'accepte pas l'autre tel qu'il est.

L'un des critères de la maturité affective, c'est bien sûr l'indépendance, c'est-à-dire la capacité à pouvoir vivre seul, pour soi, sans crainte d'être isolé, sans peur irrationnelle, sans s'imaginer pour autant et nécessairement asocial, égoïste ou misanthrope. Cela permet de développer un rapport sain entre soi et soi qui est un préalable indispensable pour créer ensuite un rapport équilibré entre soi et l'autre.

Ce qui a été dit préalablement sur la peur de la solitude trouve ici toute sa place. Au fur et à mesure que l'estime de soi va se reconstruire, il y aura en parallèle le développement d'un autre apprentissage : apprivoiser la solitude pour en faire quelque chose à vivre ponctuellement, et non plus une crainte permanente. Cela passe, par exemple, par la décision de pratiquer (et même de multiplier) des activités choisies délibérément, plaisantes, épanouissantes, créatives et récréatives.

En outre, certaines activités requièrent la présence d'autres personnes, cette fois avec une différence d'approche essentielle et déterminante : il ne s'agit plus de se mettre en dépendance d'elles, mais de les prendre comme cocréatrices d'un projet à accomplir. Les autres ne sont alors plus une nécessité pour combler maladivement un manque, mais deviennent des partenaires de quelque chose à créer, de projets grâce auxquels on va s'attribuer une valeur personnelle.

Ces activités augmentent donc en parallèle la confiance en soi. Tout se tient. En effet, derrière cette peur de la solitude se cachent le désir d'avoir confiance en soi et d'être bien avec soi ainsi que celui de vivre avec quelqu'un de manière sereine, deux désirs forts qu'empêche cette peur.

Nous disions que la capacité à apprécier la solitude est une composante importante de la « guérison » du dépendant affectif. C'est en effet cela qui va permettre à un couple de vivre de façon équilibrée, c'est surtout ce qui va permettre à un dépendant affectif de ne plus rechercher n'importe quelle compagnie, même celle qui lui serait toxique, dès lors qu'il n'a plus un impérieux besoin à combler, dès lors qu'il peut trouver de la satisfaction à vivre de temps à autre juste avec lui-même. C'est ainsi que lentement, pas à pas, le dépendant affectif va apprendre à vivre « seul plutôt que mal accompagné » pour enfin avoir la chance de connaître une relation adulte, responsable, équilibrée et épanouissante.

Devenir adulte

Le dépendant affectif se retrouve donc avec quelques axes de travail, dont deux principaux :

- **Se reconnecter à ses émotions et à ses besoins.** Se préoccuper des besoins de son partenaire dans un couple est un signe de l'affection et de l'amour qu'on lui porte, mais à la condition de satisfaire également ses propres besoins. Toujours cette notion d'équilibre absolument nécessaire pour que l'ensemble soit harmonieux. Il faut donc avoir une connaissance de soi-même pour connaître ses besoins et être capable ensuite de les exprimer. Dans cette expression, la maturité affective doit permettre de déterminer ceux que le partenaire peut satisfaire, ou aider à satisfaire, et ceux qui demeurent de notre ressort propre. Cela évite d'attendre tout de l'autre, ce qui créerait pour lui une pression qu'il ne pourrait pas nécessairement gérer. Lorsque l'attente devient irréaliste, la déconvenue est toujours au rendez-vous. Cela évite également de mettre sa vie entre les mains d'autrui et de demander à l'autre ou au couple d'apporter ce que l'on ne sait pas s'apporter soi-même. Comme cela a été souligné ci-dessus, il s'agit d'apprendre à trouver un juste équilibre entre moments de solitude et moments à deux, chacun correspondant à la satisfaction d'un besoin précis, déterminé et assumé.

Il peut d'ailleurs arriver qu'un dépendant affectif fasse preuve d'une forme d'égocentrisme, dont il n'a pas conscience, quand il s'attend à ce que l'autre s'occupe de tout et accède à tout ce qu'il réclame, non pas à cause d'une exigence démesurée, mais par peur ou même par certitude qu'il ne sait pas faire. Il y a là manifestement une marque d'immaturité affective.

- **Reprendre ses responsabilités.** Les personnes qui manquent de maturité affective ont facilement tendance à ne pas assumer leurs actes et, quand des problèmes surviennent, à en attribuer la responsabilité à une cause extérieure. C'est ainsi qu'elles dénoncent les autres ou les circonstances de la vie. C'est donc toujours la faute de quelqu'un d'autre ou encore la « faute à pas de chance ». L'immaturité affective va souvent de pair avec une victimisation. Le cas échéant, la réalité est déformée afin de transformer un événement donné en drame et de renforcer le rôle de victime. Qui dit Victime, n'est-ce pas, dit recherche d'un Sauveur ! Il y a une peur devant les événements de la vie, un refus d'en assumer les conséquences, et une infantilisation qui empêche d'agir. Résultat : l'autonomie disparaît peu à peu et apparaît le besoin de quelqu'un qui dirige et dit ce qui doit être fait, voire fait ce que l'immature ne fait pas ou ne sait pas faire. Il est parfois bien plus confortable car moins risqué de laisser les autres, souvent une seule personne, assumer la responsabilité de nombreux aspects de la vie, même pour ce qui relève du quotidien. C'est le meilleur moyen de se retrouver en dépendance d'une personne pour les actes de la vie en général et de sa vie propre.

C'est ce que souligne encore une fois le DSM-IV en précisant que la personnalité dépendante se caractérise par un besoin général et excessif d'être pris en charge, besoin qui conduit à un comportement soumis, et à une peur de la séparation. Il y a donc tout un travail d'éducation à faire pour se responsabiliser, décider soi-même et pour soi, et, en parallèle, pour anéantir l'ensemble des peurs, la plupart totalement irrationnelles, qui gouvernent ce genre de comportement.

Une personne adulte qui se conduit comme un enfant en remettant entre les mains de quelqu'un d'autre l'organisation de sa vie est une personne grandement gouvernée par des peurs. L'autre représente alors une sécurisation. Et tant que ces peurs n'ont pas été débusquées et démantelées, la dépendance perdure. Atteindre une maturité affective, c'est retrouver sa liberté, c'est réapprendre à s'assumer soi-même. Le parcours n'est pas nécessairement facile car il faut affronter un cortège de peurs diverses, mais il est réalisable et nécessaire pour parvenir à s'épanouir.

Vous pourriez commencer par mettre au jour ces peurs. Tout d'abord, faites-en une liste. Par exemple : peur d'être seul, peur d'être rejeté, peur d'être quitté, peur de perdre l'autre, etc.

Pour chacune, quelle est la croyance qui la soutient : « J'ai peur de... parce que je crois que... »

Que pensez-vous de cette croyance ? Est-elle toujours vraie ? Connaît-elle des exceptions ?

Combien d'exemples concrets avez-vous pour en attester la réalité ? Que vous faudrait-il pour diminuer un peu cette peur ? Et même si cette situation se produisait, la situation serait-elle si terrible ?

Peur		
Croyance (« Je crois que… »)		
Exemples concrets vérifiant cette croyance		
Pour vous, cette croyance est vraie à : 100 % ? 50 % ? 10 % ? Plus ? Moins ?		
Que vous faudrait-il pour que cette peur soit moins forte ?		

Un tel tableau ne résout pas tout et ce n'est pas son ambition. En revanche, il permet de clarifier la situation en listant les peurs puis en s'interrogeant sur leurs fondements. Le fait de nommer et de questionner dissipe une partie du brouillard qui entoure généralement ces émotions. En les questionnant ainsi, on les met en partie à distance.

Enfin, vous allez finir par instiller le doute dans le discours interne que vous vous tenez. Le doute sera peut-être tout petit. C'est toujours ça de pris ! Pour d'autres peurs, le doute sera plus fort et vous finirez par vous dire, par exemple : « Oui, je dis que j'ai peur de..., mais en fait, c'est juste une vague inquiétude dans une situation spécifique. » Et puis, il y en a d'autres qui sont des peurs réelles, ou plus précisément que vous ne savez pas contrôler, qui créent vraiment chez vous de l'angoisse, et peuvent même vous paralyser. Il n'y en a peut-être pas beaucoup, mais leur puissance est suffisante pour vous gâcher la vie ou vous faire faire ce que vous ne voudriez pas, etc. Ces peurs sont donc celles sur lesquelles il va falloir travailler en profondeur, car elles sont un réel empêchement à une vie équilibrée. Compte tenu de leur puissance, un accompagnement thérapeutique est souvent nécessaire.

Cet exercice prend du temps, ne serait-ce qu'à cause des images qu'il va faire surgir et des émotions qu'il va susciter. Le but n'est pas de vous faire du mal, mais de conscientiser. Une peur qui est abstraite, mal identifiée, et qui n'est peut-être même pas localisée est d'autant plus inquiétante. C'est l'un des ressorts de certains films de suspense. Plus c'est flou, et plus l'imaginaire crée des monstres !

Des relations plus authentiques

Nous sommes très nombreux à avoir besoin d'autrui. Pour autant, cela ne signifie pas nécessairement : « Je suis dépendant de toi pour vivre » ou « Sans toi, je n'existe pas ». Non, cela veut dire – et encore plus peut-être dans une relation de couple – qu'autrui est une complémentarité qui aide à s'épanouir, à créer, à grandir, à satisfaire un besoin de partage et à définir un état de bonheur. Le besoin d'autrui peut s'entendre comme un plaisir de complétude et non pas comme une condition pour être. C'est donc différent du mythe des âmes sœurs que Platon expose dans *Le Banquet*, où l'on serait en quête de son autre moitié.

À bien y réfléchir, nous ne sommes pas une partie d'un ensemble que l'autre devrait compléter, car, à défaut de faire cette rencontre, nous ne pourrions jamais être nous-mêmes. Croire à l'existence de son âme sœur est le meilleur moyen de ne pas parvenir à être soi-même. Le mythe platonicien est charmant et contient sa part de romantisme, mais la réalité est que nous sommes bien 100 % d'un tout et qu'il ne nous faut personne pour exister. Autrui nous apporte, tout comme nous lui apportons. Ce n'est pas de la dépendance réciproque, mais plutôt une coconstruction. Celle-ci sera d'autant plus forte, plus aisée, plus durable que chacun s'inscrit dans une relation authentique.

Qu'est-ce qu'être authentique ? C'est un concept assez large et difficile à définir en quelques mots, qui se caractérise par l'acceptation de soi afin d'accepter autrui. Il suppose donc une maturité affective qui permet des rapports sains et équilibrés entre soi et soi, et entre soi et autrui. C'est de cette manière que le couple trouve son juste équilibre et peut s'épanouir, c'est-à-dire que chacun éprouve cette délicieuse sensation d'aimer et d'être aimé sans contrainte, sans peur, sans masque.

La notion d'authenticité se retrouve ainsi étroitement liée à celle de congruence : alignement cohérent entre ce que nous ressentons, ce que nous pensons, ce que nous disons et ce que nous faisons. L'ensemble des parties de notre être « fonctionne » d'une manière cohérente dans la vie quotidienne. Compte tenu de ce que nous avons vu jusqu'ici sur les peurs et les comportements du dépendant affectif, nous ne pouvons que constater combien cette cohérence et donc cette authenticité sont un défi. Défi majeur qui ne peut lui être que bénéfique, de même qu'à son partenaire.

Comment pourrait donc se manifester cette authenticité ? Il existe plusieurs items qui en rendent compte. Cependant, au lieu d'essayer d'en dresser une liste qui se voudrait exhaustive, considérons les trois suivants et prenons le temps de les comprendre, de les intégrer et de les vivre.

- **La capacité d'exprimer ses besoins.** Trop souvent, le dépendant affectif tait ses propres besoins pour satisfaire uniquement ceux de son partenaire. Apprendre à identifier ses besoins, reconnaître qu'il est tout à fait normal de les ressentir et apprendre à les formuler, c'est se reconnaître comme quelqu'un qui existe et peut l'exprimer. Cette expression peut se faire sans être paralysé par la peur d'être rejeté lorsque l'on a enfin compris que cette peur est irréelle, construite par l'imaginaire.

Exprimer ses besoins, c'est affirmer qui l'on est sans être arrêté par la peur de déplaire et sans craindre d'exprimer une vulnérabilité. « J'ai besoin d'entendre que tu m'aimes », « J'ai besoin que tu m'écoutes », « J'ai besoin que tu me prennes dans tes bras », « J'ai besoin d'être près de toi », « J'ai besoin que tu me redises ce que tu aimes en moi ». Ces besoins pourraient être résumés en un « J'ai besoin d'être rassuré, j'ai besoin que tu me rassures ».

Équilibre, disions-nous. Il est évident que si ces besoins sont exprimés toute la journée, ils traduisent avant tout un état de peur constante que rien ne semble pouvoir apaiser. En revanche, exprimés ponctuellement, en tenant compte également de ce que l'autre vit et ressent au moment où on le verbalise, ils participent alors d'un dialogue sain où l'on n'est pas en train de quémander, mais bien plutôt d'exprimer un manque que l'autre est apte à remplir. Cela permet aussi de vérifier si ses propres attentes et besoins sont en phase avec ceux de l'autre.

- **La capacité de dire ses émotions.** Une émotion est une réaction psychologique et physique à une situation donnée et à l'interprétation que l'on en fait. C'est un ressenti indépendant de notre volonté. En fonction de son tempérament, de son caractère, de ses croyances, de son vécu, de sa culture, de la manière dont on interprète un événement, chacun d'entre nous peut, par rapport à un même événement, ressentir des émotions différentes en nature et en intensité. Si la personne avec laquelle on vit ne les verbalise pas, elles peuvent parfois ne pas être perçues. En outre, certains taisent leurs émotions et les étouffent comme s'ils en avaient honte, comme s'ils craignaient que cela puisse indisposer l'autre, etc. Que l'on taise une émotion de temps à autre, cela nous arrive à tous et ne pose pas de difficulté spécifique. En revanche, quand cela est constant, cela peut se traduire par divers problèmes (une somatisation, par exemple).

  « Lorsque tu passes une soirée avec tes amis sans moi, j'ai peur d'être abandonné », « Quand tu es énervé et que tu me parles durement, j'ai peur de ne plus te plaire et d'être rejeté », « Quand je te rends service et que tu ne me remercies pas, j'ai peur de t'agacer ou de mal faire ». Dans ces quelques exemples, l'autre n'est jamais attaqué ou mis en défaut. On exprime juste comment on interprète une situation et ce que l'on ressent. Le fait de le dire informe l'autre de ce que l'on ressent ; et, en fonction de sa réponse, cela peut mettre un frein à la peur principale ainsi qu'à toutes les peurs annexes que l'imagination fait naître. C'est une façon d'exprimer ce message : « Je ne t'accuse pas, mais voilà ce qui se passe en moi. Que pouvons-nous faire ? » Si la relation vécue est réellement une relation d'amour, cette façon de s'exprimer apaise les tensions en supprimant les éventuels non-dits et les interprétations diverses, et permet de diminuer considérablement les peurs du dépendant.

- **La capacité de s'accepter et d'être soi-même.** Nous ne sommes pas parfaits, aucun de nous ne l'est et aucun ne peut l'être car définir ce qu'est la perfection est une gageure. Quelles en sont les composantes ? Par rapport à quoi et/ou à qui ? Qui est légitime à en tracer les frontières ? Et pourquoi ? Etc. Quand on commence à interroger la perfection, on découvre vite que c'est une abstraction. En revanche, être soi-même, c'est reconnaître que l'on a des qualités et des défauts. Comme tout le monde ! Le dépendant affectif doit comprendre qu'il n'a pas *que* des défauts. Même si ce qu'il vit, ressent ou se reproche peut parfois être lourd de conséquences pour lui et/ou pour l'autre, il n'en demeure pas moins qu'il n'est pas constitué que de ces problèmes ! Il a aussi, comme tout un chacun, des qualités. En outre, il doit aussi comprendre qu'il n'est absolument pas possible de n'avoir que des qualités et que, de toute façon, cela serait invivable ! C'est bien ce mélange subtil et toujours particulier de qualités et de défauts qui détermine pour chacun d'entre nous une personnalité spécifique, de même que notre humanité.

S'accepter, c'est avoir la fierté de ce que l'on est (et non pas l'orgueil ou la suffisance), accepter ce que l'on est et apprécier ce que l'on est. Bien sûr, nous pouvons toujours nous améliorer, mais apprécier déjà ce qui est ou plutôt ce que nous sommes, au lieu de le regretter, de le dénigrer ou de le rejeter, est immense. C'est un pas indispensable vers l'amour de soi et vers l'estime de soi, dont on a vu à quel point elle doit être restaurée chez une personne en dépendance affective. Il s'agit donc de prendre en compte ses défauts certes, mais aussi ses qualités et ses valeurs qui définissent tout autant ce que l'on est.

Un cercle vertueux peut alors se mettre en route : plus on s'accepte, plus on est soi-même et donc plus on est authentique. Être authentique devient alors la capacité d'exprimer à l'autre ce que l'on est et de le vivre. La personne en dépendance affective peut ainsi parvenir à un accomplissement déterminant qui est, à défaut d'obtenir toute la sécurité qu'elle recherche, accepter de vivre avec une certaine marge d'insécurité. D'ailleurs, toute vie est marquée par l'insécurité ; dès l'instant où nous sommes arrivés au monde, nous sommes devenus des condamnés à mort qui ignorent quand et comment ils mourront. Notre seule certitude, c'est que nous mourrons. Mais ce qui est déterminant – car c'est ce qui nous permet de vivre, de créer, de nous projeter, de réaliser, d'aimer et donc de vivre –, c'est que nous n'y pensons pas à chaque instant !

De la même manière, le dépendant affectif, parce qu'il a développé sa confiance en lui et en l'autre, peut parvenir à vivre une relation tout en ayant conscience, comme chacun d'entre nous, que rien n'est jamais définitivement acquis. À partir de là, il a le choix entre deux attitudes : cette incertitude peut soit alimenter une peur qui risque de tout détruire, soit donner l'envie de nourrir la relation pour que celle-ci perdure.

Amour et besoin

Le sociologue et psychanalyste américain Erich Fromm est l'auteur d'une citation fort intéressante et qui illustre bien le parcours à accomplir pour un dépendant affectif : « L'amour immature dit : je t'aime parce que j'ai besoin de toi. L'amour mature : j'ai besoin de toi parce que je t'aime. »

« Je t'aime parce que j'ai besoin de toi », c'est faire dépendre son amour de ce que l'autre apporte, c'est avoir besoin de lui pour se sentir exister, c'est se laisser aimer par l'autre pour être rassuré. Il y a donc une attente forte et un peu inquiète, fébrile même, et qui, forcément, va s'accompagner de doutes : et si l'autre se mettait à aimer moins ? Et si ce doute devenait plus fréquent ? Et si les signes de réassurance devaient devenir plus nombreux, plus forts, plus démonstratifs pour continuer à avancer, pour continuer à exister ? Cette attente crée une dépendance qui fait osciller entre quelques rares instants de joie où l'on est ensemble et rassuré, et de nombreux moments d'inquiétude sur ce qu'il va advenir de la relation et de soi-même.

« J'ai besoin de toi parce que je t'aime » met l'accent sur l'équilibre et la complémentarité du « je » et du « nous » : aucun ne prend l'ascendant sur l'autre, aucun ne se met en dépendance de l'autre. L'idée dominante est celle du partage et de l'échange, elle est de trouver son bonheur en participant au bonheur de l'autre, mais sans aucune intention sacrificielle : satisfaire les besoins de l'autre, certes, à condition de connaître et de satisfaire également les siens propres. Lorsque chaque membre du couple participe à cette dynamique, on aime l'autre pour ce qu'il est et l'on s'aime aussi soi-même pour ce que l'on est. On ne demande donc pas à l'autre de changer pour se conformer à nos désirs, et inversement on ne cherche pas à modifier ou à nier une partie de soi pour plaire à l'autre. L'amour se réalise dans cet équilibre des besoins et de leur satisfaction tout en respectant l'autre.

En devenant authentique, on donne la priorité à des relations saines où prennent place le respect mutuel et la réciprocité de don. Donner, c'est faire plaisir à l'autre et en retirer soi-même du plaisir, ce n'est pas être dans une attente passive ; cela suppose une dynamique, une véritable générosité, on donne du temps, de l'écoute, de la tendresse, de la joie, de l'amour, du plaisir à partager. Le plaisir d'ailleurs se décline sous tous ses aspects : la dimension physique, mais aussi intellectuelle, sensorielle, spirituelle, artistique, émotionnelle... Tout ce qui participe à l'évolution et à la croissance de soi et de l'autre.

CONCLUSION

Le dépendant affectif est pris dans le piège de ses peurs. Nous l'avons vu, c'est un piège qui s'est refermé il y a longtemps, si longtemps que ses peurs se sont incrustées en lui. Il a même l'impression qu'elles font partie de lui tant il les côtoie au quotidien. Hélas, toutes ces peurs génèrent des comportements qui ne lui sont nullement bénéfiques. Soit il se tait, devient transparent et se soumet à tout en capitulant sur ses besoins, sa personnalité, ses désirs, ses envies. Soit il demande, quémande, exige, parfois, des preuves d'attachement, d'attention et d'amour, preuves qui sont toujours insuffisantes et d'une durée « d'efficacité » si courte qu'il recommence encore et encore jusqu'à l'usure. À terme, le dépendant affectif risque paradoxalement de vivre ce qu'il redoute le plus : l'abandon. Soit parce qu'il est difficile d'éprouver de l'amour pour une personne qui ne s'estime pas elle-même et perd sa dignité en se soumettant volontairement. Soit parce que ces demandes à répétition jamais satisfaites et tout ce qu'elles génèrent finissent par lasser au plus haut point et devenir insupportables.

Cependant, malgré ce sombre tableau, il est bon de savoir que rien n'est irréversible, rien n'est permanent, rien n'est perdu à tout jamais. La psychothérapie est quasiment indispensable pour guérir de cette manière de se voir soi, de voir le monde et d'appréhender un couple et ses composantes. Beaucoup de croyances sont à déconstruire, car les émotions et comportements qu'elles induisent vont totalement à l'encontre de ce qu'un dépendant affectif souhaite au plus intime de lui-même. Mais comment faire quand vous savez plus ou moins clairement qu'il faudrait agir différemment mais qu'une peur puissante vous en empêche, et qu'une partie de vous (dont vous souhaiteriez vous défaire) affirme que c'est ainsi et pas autrement, vous barrant ainsi l'accès à l'apaisement, à la sérénité, à la sécurité, au bonheur et à l'amour ?

Ce n'est pas un combat facile, il ne faut pas se bercer de fausses illusions, et il ne se gagne pas juste parce qu'on a la volonté de le gagner. Le « Je veux donc je peux », régulièrement inopérant, l'est encore plus ici, ne serait-ce qu'à cause de toutes les émotions qui s'affrontent en tous sens. Néanmoins, c'est un combat réalisable. Là est l'enjeu pour ceux qui ont abdiqué ou sont près de le faire.

En effet, il est tout à fait possible de modifier peu à peu, à son propre rythme, la vision du monde que l'on a pour apprendre à s'apprécier, à s'estimer et à se faire confiance. Se faire confiance permet de ne plus dépendre de quelqu'un, de son regard, de ses jugements, mais aussi de ne plus demander à l'autre de tout faire pour soi, ce qui est dévalorisant. Bien au contraire, se faire confiance permet de se réapproprier son autonomie, sa capacité de décision, sa dignité et sa liberté.

Il se pourrait en fait que les deux premières croyances à déconstruire concernent d'une part la supposée connaissance que les autres ont de nous et d'autre part l'attitude sacrificielle qui favoriserait l'amour de l'autre. Ces deux croyances sont solides, largement répandues, mais entièrement fausses et sources de beaucoup de souffrances.

Sur la connaissance des autres : quel que soit le degré d'intimité que nous ayons avec une personne, quels que soient la proximité et l'amour qui lient deux personnes, il existe et il existera toujours une part de soi incommunicable et demeurant inconnue et/ou incompréhensible pour autrui. Ainsi, nous pouvons toujours demander à l'autre conseils et suggestions, en fin de compte, nous seuls nous connaissons suffisamment pour savoir si le conseil donné nous convient ou non en fonction de ce que nous en pensons, de ce que nous ressentons et de notre capacité à le mettre en œuvre. Encore une fois, demander conseil de temps en temps ne pose pas de problème, mais en faire une habitude systématique est dangereux. Cela signifie qu'il ne faut pas déléguer à autrui le pouvoir de décider pour soi, sinon ce qui est conseil aujourd'hui sera contrainte demain et obligation ensuite. Souffrir de dépendance ne doit pas conduire à une mise en esclavage. Il convient donc de reprendre le pouvoir sur soi-même, ce qui au demeurant garantit l'équilibre d'une relation.

La deuxième croyance délétère qui peut parfois devenir mortifère, c'est de croire en un amour inconditionnel, lequel mène bien souvent à une attitude sacrificielle. L'amour véritable est toujours sous condition : celle du respect mutuel. Si cette notion est absente, l'amour n'existe plus. L'idée d'un amour inconditionnel, tel qu'il est parfois véhiculé, peut s'avérer dangereuse si cette condition première et indispensable est oubliée ou mise de côté au nom d'une éthique abstraite. En outre, amour ne rime pas toujours avec toujours. L'impermanence règne partout et dans une relation également. Plutôt que de s'en désoler, on peut tout au contraire considérer que c'est là une exigence pour continuer à faire vivre la relation, la faire évoluer et ne pas la considérer comme quelque chose d'acquis au risque de l'affadir et de la nécroser.

Enfin, aimer n'est pas se sacrifier. Chaque fois que l'on croit qu'en se sacrifiant pour l'autre (donc en l'aimant inconditionnellement au point de se mettre à son service inconditionnellement aussi), on obtiendra son amour en échange, on fait fausse route. Totalement. Pire encore, on se dissout jusqu'à disparaître. En agissant ainsi avec une personne manipulatrice, on devient la proie rêvée dont il devient possible de faire ce qu'on veut ; plus aucun respect, l'autre devient une sorte de jouet, il est chosifié. Mais en agissant ainsi avec une personne saine, on n'obtient pas non plus ce que l'on désire. Pourquoi ? Parce que l'on ne peut pas aimer celui qui s'offre en victime expiatoire, en martyr à posséder. De la pitié, oui, de la tristesse sans doute, du mépris, aussi, de la compassion également, mais de l'amour, non. Or, c'est l'amour que l'on cherche et celui-ci se nourrit souvent de l'admiration que l'on porte à l'autre.

Réaliser que l'on peut reprendre le pouvoir de décider pour soi et comprendre que l'on a tout intérêt à refuser toute attitude de soumission, ce sont là deux données fondamentales. Ce sont elles qui seront d'excellentes armes contre la peur du regard de l'autre, contre la peur de ne pas être aimé, contre la peur d'être abandonné. Troisième croyance à combattre, tout aussi inutile que les précédentes : croire que l'on est dans une posture immuable et que l'on ne peut rien y changer. Non, nous ne sommes pas figés pour l'éternité ! Ce que nous sommes aujourd'hui ne détermine pas nécessairement ce que nous serons demain. Entre-temps, mille apprentissages et mille bouleversements auront modifié la donne, et nous pouvons parfaitement être l'auteur de ces changements. L'expression

« reprendre sa vie en main » a ici une saveur toute particulière.

Combattre la dépendance affective, oui, c'est possible, cela s'apprend et les bénéfices en sont immenses. On y gagne sa tranquillité, sa dignité et sa liberté. On y gagne, à terme, ce que les êtres humains recherchent : l'épanouissement donné par l'Amour.

L'AUTEUR

Xavier Cornette de Saint Cyr est coach et formateur en intelligence relationnelle, psychopraticien et écrivain. Formé au coaching professionnel et à différentes approches en psychothérapie, philosophie et développement personnel, il accompagne toute personne en quête de mieux-être. Ses spécialités : talents, confiance en soi, communication constructive, prévention des conflits et recherche de sens.

TABLE DES MATIÈRES

DU MÊME AUTEUR

dans la même collection

192 pages

6,50 €

192 pages

6,50 €

C'EST MALIN
Xavier Cornette de Saint Cyr
APPRIVOISEZ SEREINEMENT VOS ÉMOTIONS
DÉVELOPPEMENT PERSONNEL
Faites la paix avec vos émotions et retrouvez l'harmonie
LEDUC poche

192 pages

6 €

C'EST MALIN
Xavier Cornette de Saint Cyr
LA LOI D'ATTRACTION
DÉVELOPPEMENT PERSONNEL
Attirez ce que vous désirez dans votre vie :
amour, bonheur, prospérité, santé
LEDUC
poche

192 pages

6 €

C'EST MALIN
Xavier Cornette de Saint Cyr
JE TRANSMETS LA SAGESSE TOLTÈQUE À MES ENFANTS
PARENTALITÉ
Toutes les bases pour pratiquer en famille
LEDUC poche

C'EST MALIN
Xavier Cornette de Saint Cyr
VIVRE LA SAGESSE TOLTÈQUE
DÉVELOPPEMENT PERSONNEL
Libérez-vous de vos croyances limitantes !
LEDUC poche

192 pages
6 €

SOYEZ MALIN !

La collection Malin,
c'est déjà plus de 100 titres au catalogue !

Cet ouvrage est composé de matériaux issus de forêts gérées durablement certifiées PEFC™.

Le Programme de reconnaissance des certifications forestières (PEFC™) est le plus grand organisme mondial indépendant de contrôle pour une gestion durable des forêts. Pour en savoir plus, consultez le site www.pefc-france.org

PEFC™ PEFC/14-38-00277

Achevé d'imprimer en février 2024
par Novoprint
Deuxième tirage
Dépôt légal : mai 2023
Imprimé en Slovaquie